Franz Sales Sklenitzka

Das goldene Drachen Lexikon

Illustrationen
Franz Sales Sklenitzka

G&G

www.ggverlag.at

ISBN 978-3-7074-2289-2

In der neuen Rechtschreibung 2006

1. Auflage 2019

Umschlag- und Schuppengestaltung im Kern: Bernd Lehmann, www.berndfuerdiewelt.de
Gesamtherstellung: Imprint, Ljubljana

Vorwort

Drachen sind überall auf der Welt verbreitet, ob in Tibet, Mexiko, Schottland oder Südamerika. Seit Jahrhunderten beflügeln sie die Fantasie der Menschen, begegnen uns in uralten Märchen, Sagen und Legenden. Vieles, was über Drachen berichtet wird, mag erfunden sein. Auch was in diesem Buch geschrieben steht, muss nicht alles für bare Münze genommen werden. Dichtung und Wahrheit sind oft nur schwer auseinanderzuhalten. Aber ist es nicht erstaunlich, dass es heute, im 21. Jahrhundert, noch immer Drachen gibt? Wenn schon nicht in unseren Breiten, so doch auf anderen Erdteilen? Und sollten es keine „echten" Drachen sein, so sind es doch ihre nahen und nächsten Verwandten, die hier in diesem Buch vorgestellt werden, merkwürdige Wesen mit geheimnisvollen Namen wie Drusenkopf, Bartagame, Dornteufel, Schleuderschwanz oder Schnabelkopf. Nein, die Drachen sind nicht ausgestorben, auch wenn sie in unseren Biologiebüchern leider nicht vorkommen – im Gegenteil: Drachen erfreuen sich nach wie vor größter Beliebtheit (fast könnte man schon von „Drachomanie" sprechen), so wie die Haltung exotischer Echsen als Haustiere immer mehr Freunde gewinnt. Drachen haben Eingang gefunden in Filme, Fernsehserien und Internet-Märchen, haben Fuß gefasst in den Kinderzimmern und sind zu Hause in der Spielwelt der Fantasy-Abenteurer („Dungeons & Dragons"). Drachenbücher stehen hoch im Kurs, nicht nur bei jungen Lesern. Einen kleinen Einblick in den bunt schillernden Kosmos der Drachologie will dieses Drachen-Lexikon bieten – ohne jeden Anspruch auf Vollständigkeit. Denn das Thema „Drache" ist unerschöpflich. Also, willkommen in der wundervollen, erstaunlichen, fantastischen, fabelhaften Welt großer und kleiner Echsen und Drachen!

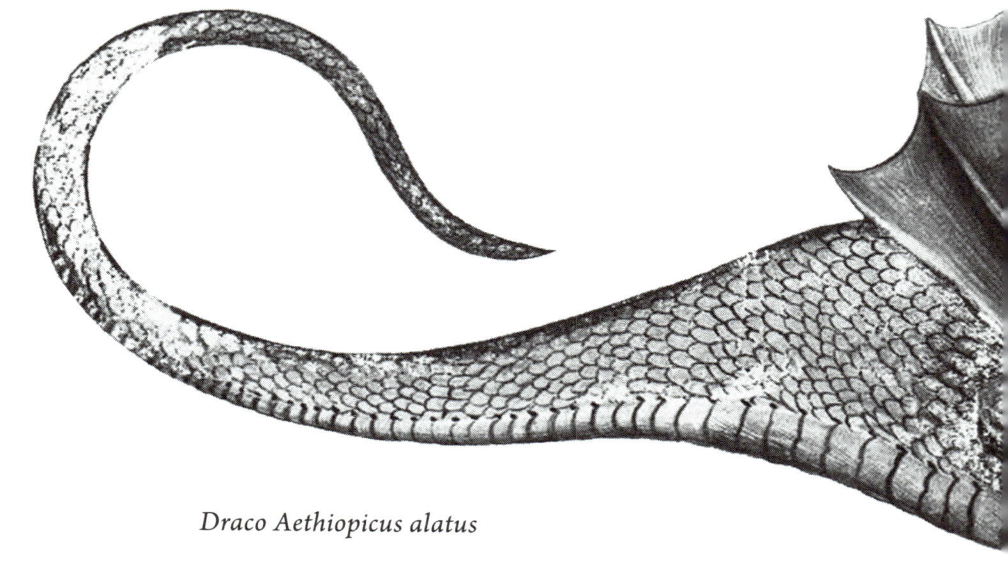

Draco Aethiopicus alatus

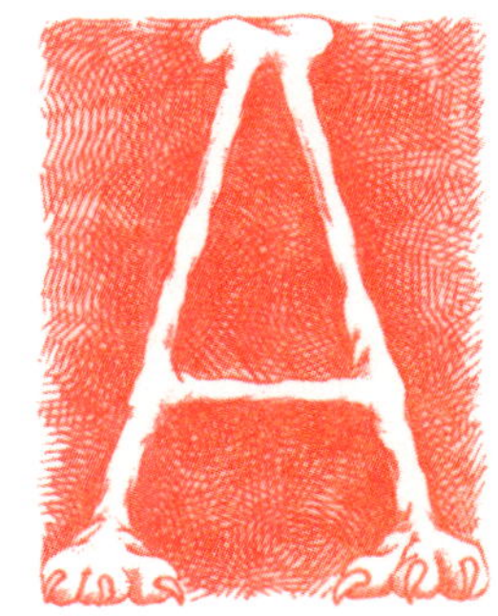

Aldrovandi, Ulisse (1522–1605) lebte in Bologna, Italien, und gilt als einer der Väter der modernen Zoologie (Tierkunde). Sein Hauptwerk ist die „Historia animalium“, die aus elf Bänden bestehende Geschichte der Tiere, in der sich auch Abbildungen dieser Drachen finden.

Draco alatus Apes ex Greuino

Draco ex Raia effictus

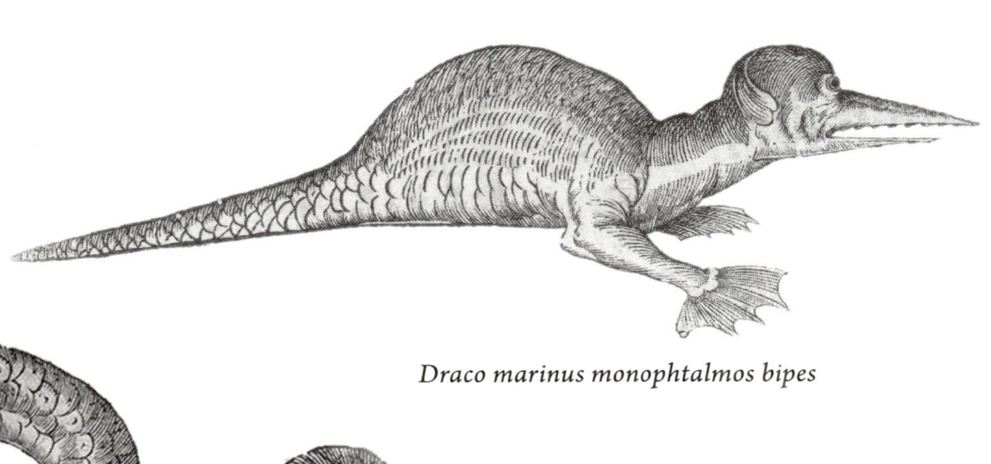

Draco marinus monophtalmos bipes

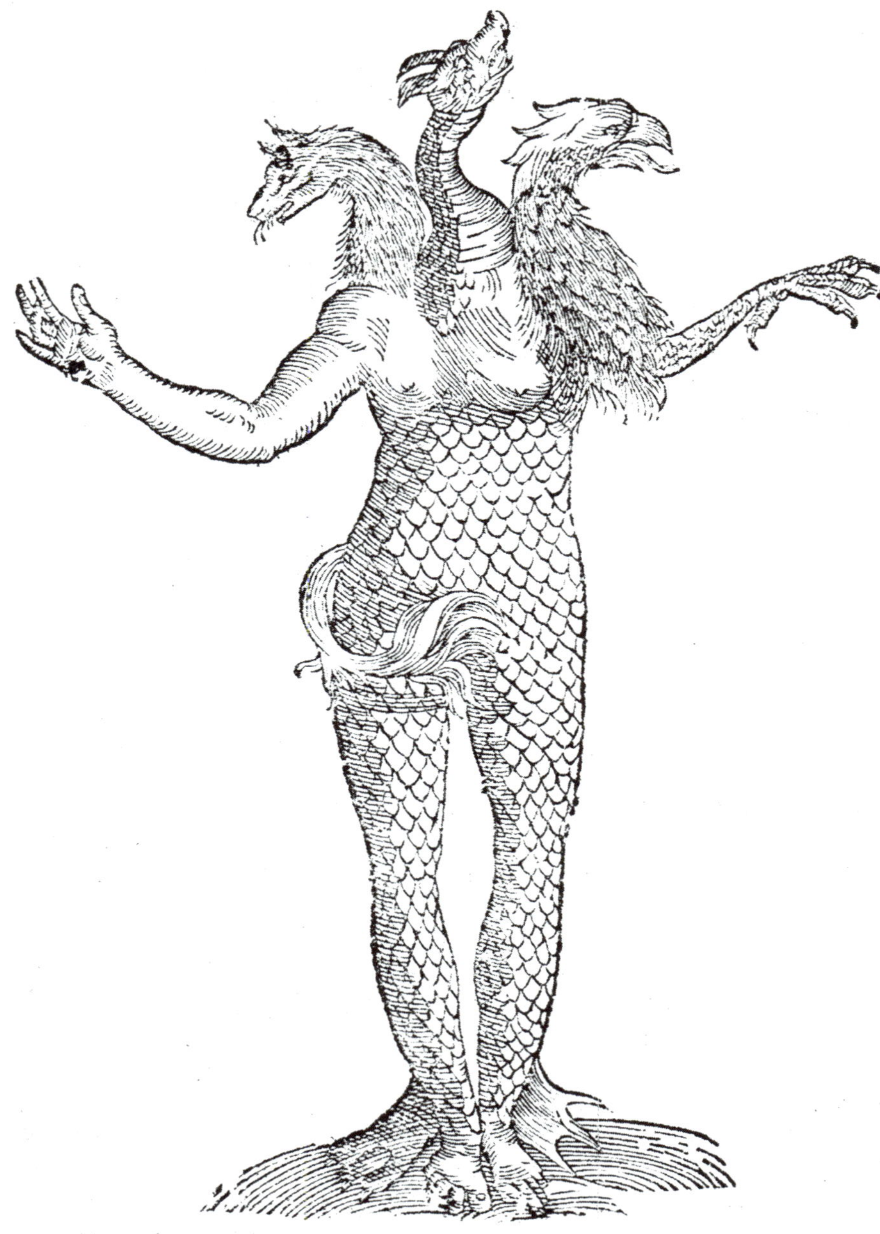

Monstrum triceps capite Vulpis, Draconis et Aquilae

Der APOTHEKERSKINK *(Scincus scincus)* oder Sandfisch ist eine etwa 20 cm große Wühlechse, die in den Wüsten Nordafrikas und Saudi-Arabiens heimisch ist. Und obwohl der Skink nur etwa 20 cm misst, teilt er das Schicksal vieler anderer Drachen: Er wurde und wird – zu Pulver zerrieben oder zu Asche verbrannt – als Heilmittel gegen verschiedenste Gebrechen, Krankheiten und Beschwerden gepriesen. Daher kommt auch sein merkwürdiger Name: Man konnte pulverisierte Skinke beim Apotheker kaufen. Im alten Ägypten genoss der Apothekerskink besonderes Ansehen: Er wurde einbalsamiert und den Mumien als Beigabe in die Gräber gelegt. Apothekerskinke leben auf dem Sand und im Sand. Sie können sich bei Gefahr blitzschnell einwühlen und so in Sicherheit bringen. Nase und Augen können sie verschließen. Wie unsere heimischen Eidechsen können die Apothekerskinke auch zum Schutz vor Feinden den Schwanz abwerfen.

Apothekerskink

Helmbasilisk

Der BASILISK *(Basiliscus)* ist ein hübscher, zierlicher Drache der amerikanischen Gattung der ☞ *Leguane*. Das Männchen hat einen Kamm auf Kopf und Rücken, den es aufrichten kann. Am bekanntesten ist der Helmbasilisk. Er trägt einen Hautlappen auf dem Kopf und ist mit 85 cm Körperlänge auch der größte der Basilisken.

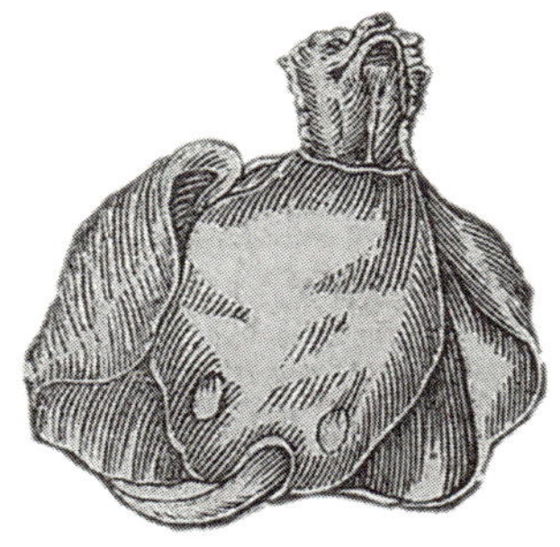

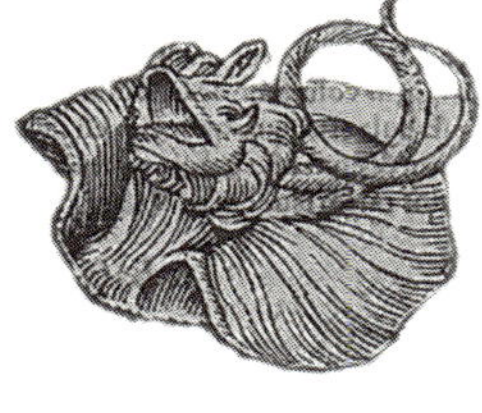

Basiliscus ex Raia effictus pronè et supinè pictus

Werden Basilisken im Terrarium gehalten, können sie bei guter Pflege bis zu 15 Jahre alt werden. Sie brauchen Äste zum Klettern und ein Versteck, das sie auch als Schlafplatz nützen, zum Beispiel eine Korkröhre. Als Nahrung gibt man ihnen vor allem Insekten, Heuschrecken, Schaben und Heimchen. Gelegentlich fressen sie auch Blätter, Früchte und reifes Obst.

Basiliscus in solitudine Africa vinens

In alten Sagen ist der Basilisk allerdings ein bedrohliches Fabelwesen mit tödlichem Blick und Gifthauch, ein Mischwesen zwischen Drache und Hahn, das aus einem missgebildeten Hühnerei schlüpft, welches von einer Schlange, einer Kröte oder im Mist ausgebrütet wurde. Als Mittel gegen das Gift des Basilisken sollte das Gewürzkraut Basilikum helfen.

Basilisk aus den Ötscherhöhlen

Die BARTAGAME (auch Bartgamme, *Pogona*) ist ein mittelgroßer Drache, der nur in Australien vorkommt. Die Bartgamme kann bis zu 60 cm groß werden, wobei gut die Hälfte der Gesamtlänge auf den Schwanz entfällt. Der Körper ist flach, die Beine sind kurz. Das Trommelfell liegt frei. Ein Merkmal der Bartgamme sind die vielen Stacheln auf Rumpf, Beinen und Schwanz, die entfernt an den ☞ *Bürstendrachen (Stacheldrachen)* erinnern, auffallend ist eine Reihe Stacheln entlang der Flanken, eine Reihe an der Kopfbasis sowie vor allem eine am Unterkiefer, die sich bis über die Kehle ausdehnt und so einen „Bart“ bildet. Die Tiere sind meist graubraun gefärbt und dunkelgrau oder schwarz gemustert.
Sieben verschiedene Arten sind bekannt. Die Bartagamen ruhen gern auf Baumstämmen, Baumstümpfen oder Zaunpfählen – ähnlich den ☞ *Zaundrachen* – und sind Allesfresser. Sie ernähren sich von kleinen Wirbeltieren und Insekten, Blättern, Blüten und Früchten. Werden sie bedroht, flachen die Tiere den Körper ab, blähen die Kehle mit dem Stachelbart und reißen das Maul bedrohlich weit auf, um ihre gelbe oder rosafarbene Mundhöhle zu zeigen.

BONZO heißt ein entzückender Drache mit rosafarbenen Schuppen in dem Buch „Der kleine dicke Ritter“ (jedem Drachologen empfohlen!) von Robert Bolt. Es geht dabei um den Ritter Oblong-Fitz-Oblong, der es nicht übers Herz bringt, Tiere zu töten. Als Erster zähmt er einen Drachen, macht ihn sozusagen salonfähig und bringt ihm auch Kunststücke bei.

Brückenechsen *(Sphenodon)* sind wahre Ur-Drachen. Von Fossilien weiß man, dass es sie schon vor 200 Millionen Jahren gegeben hat, und seither haben sie sich so gut wie gar nicht verändert. Sie kommen nur auf einigen neuseeländischen Inseln vor und sind streng geschützt. Es gibt zwei Arten, die Tuataras und Schnabelköpfe. Ihren Namen haben sie – zum Unterschied zu anderen Reptilien – von einem zusätzlichen Schläfenbogen, der als „Brücke" bezeichnet wird. Die Brückenechsen sind selbst bei niedrigen Temperaturen aktiv. Vor allem in der Dämmerung und bei Nacht suchen sie nach Vogeleiern oder Insekten, Spinnen, Käfern, Heuschrecken und Regenwürmern. Die Brückenechsen werden 50 bis 75 cm lang und erreichen ein Gewicht von einem Kilogramm.

Brückenechse

Sie leben in Wohnhöhlen, in denen sie den Großteil des Tages verbringen. Die Weibchen graben eine eigene Bruthöhle, in die sie bis zu 15 Eier legen. Dieses „Nest“ wird mit Gras ausgepolstert, anschließend die Bruthöhle mit Erde verschlossen. Danach halten die Weibchen – im Gegensatz zu anderen Reptilien – regelmäßig Wacht. Die etwa 10 cm großen Jungen schlüpfen erst etwa 14 Monate nach der Eiablage.
Brückenechsen können ein hohes Alter erreichen, man schätzt es auf 150 Jahre. Das älteste in Gefangenschaft gehaltene Tier ist angeblich 111 Jahre alt.

BÜRSTENDRACHE (auch Stacheldrache, Igeldrache, *Draco horridus*) Naher Verwandter des ☞ *Kammdrachen,* wurde aber nicht so gern gejagt wie dieser, da die Stacheln auf seinem Rücken, die ihm ein bürstenähnliches Aussehen gaben, das Enthäuten sehr erschwerten. Bei Gefahr rollte sich der Bürstendrache blitzartig zu einer stacheligen Kugel zusammen, was ihm einen gewissen Schutz vor Angreifern verschaffte; trotzdem ist er schon seit Langem ausgerottet.

Bürstendrache

Dass Ritter Helme aufsetzten, ist bekannt.

Aber kennst du einen Drachen,

So ein Tier gibt's nur in der Fantasie,
denkst du jetzt vielleicht.

der einen Helm trägt?

Der noch dazu
seine Farbe ändern und
seine Zunge aus dem
Mund „schießen“ kann?

Nein, diese Drachen gibt es auch in
Wirklichkeit!

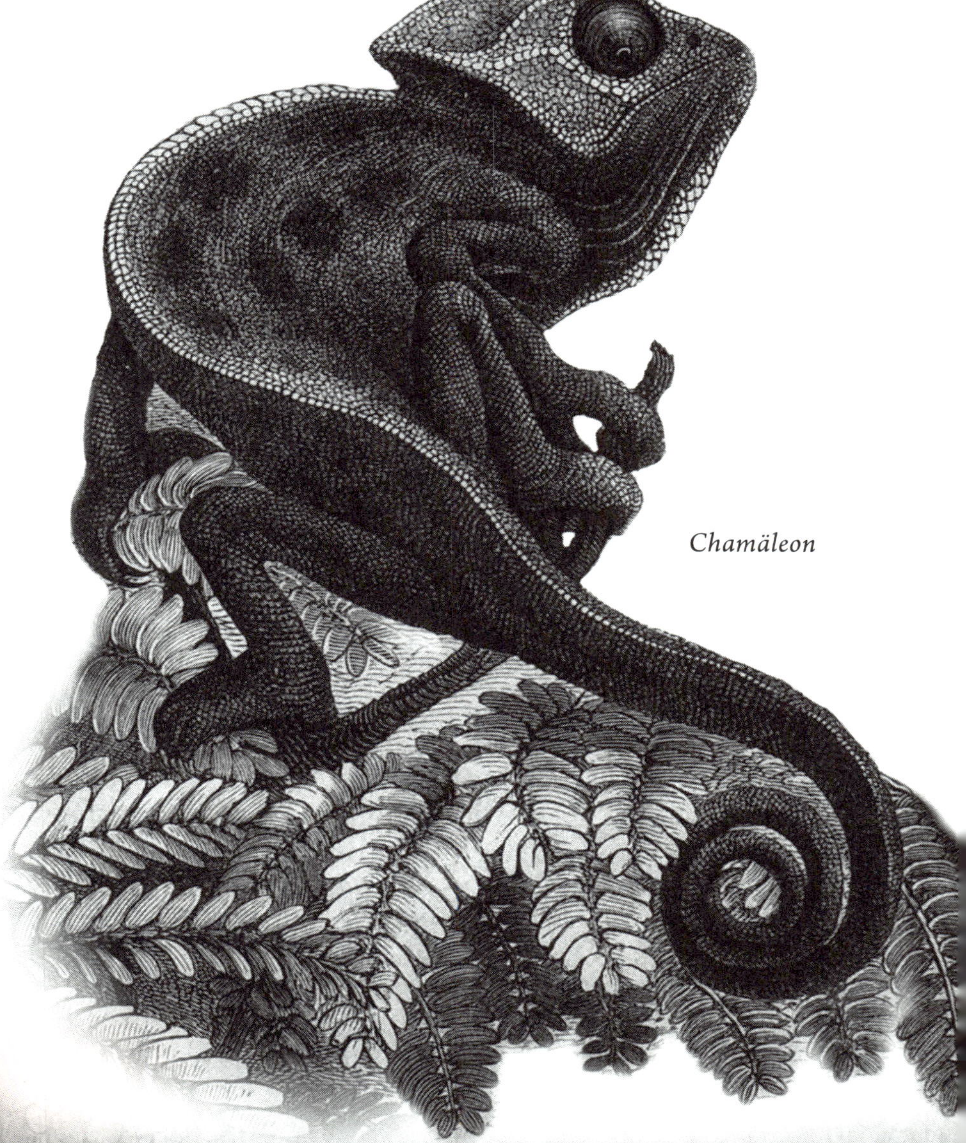

Chamäleon

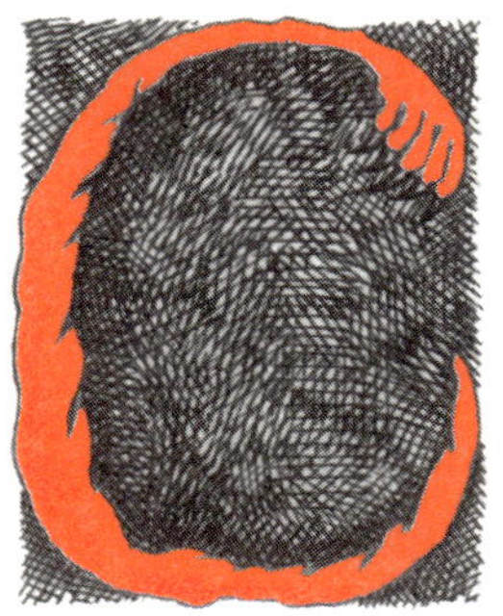

Es sind die CHAMÄLEONS. Chamäleons *(Chamaeleonidae)* findet man auf dem ganzen afrikanischen Kontinent, besonders auf der Insel Madagaskar, und im Mittelmeergebiet, doch – leider – nicht mehr allzu viele. Innerhalb ihres natürlichen Lebensraums gelten sie bereits als gefährdet. Das heißt, ihre Haltung ist meldepflichtig. Chamäleons gehören wohl zu den erstaunlichsten Echsen überhaupt – und sind die Verwandlungskünstler unter der Drachen, denn sie können die Farbe ihrer Umgebung anneh-

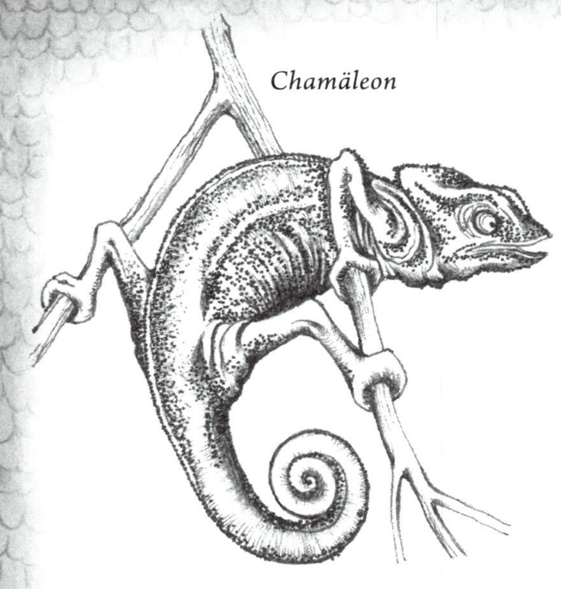
Chamäleon

men. Das Chamäleon tarnt sich also, indem es versucht, zum Beispiel wie eine Pflanze auszusehen oder, wenn es ein Erdchamäleon ist, wie ein Stück Holz oder ein auf dem Boden liegendes Blatt. Aber auch bei Gefahr, in Kampf- oder Stresssituationen können die meisten dieser Echsen ihre Farbe wechseln.

Die so genannten Echten Chamäleons sind Baumbewohner. Ihre Füße sind tolle Greifwerkzeuge; sie sind zu richtigen Zangen umgeformt. Damit können sie fast jeden Ast umschließen. Manche Arten haben zusätzlich noch Krallen an den Zehen (jeweils fünf pro Fuß). Eine weitere Kletterhilfe ist der Greifschwanz bei den Echten Chamäleons. Es gibt aber auch Arten, die auf dem Boden leben, nämlich die Erd- und Stummelschwanzchamäleons.

Die vorstehenden Augen des Chamäleons sind dem menschlichen Auge bei weitem überlegen. Sie sind äußerst beweglich und voneinander unabhängig. Chamäleons haben daher ein enorm großes Blickfeld und können bis auf einen Kilometer Entfernung scharf sehen!

Einzigartig unter allen Lebewesen ist auch die „Schleuderzunge" des Chamäleons, die so wirkt, als wäre sie an einem Stück Gummiband befestigt. Die Zunge wird richtiggehend auf die Beute abgeschossen. Das Ende der Zunge ist verdickt und teilt sich in zwei Lappen, mit denen das Opfer umschlossen wird.

Chinesische Drachen China wird von vielen Drachenforschern als die Ur-Heimat der Drachen angesehen. Fernöstliche Drachen sind mächtig; schöne und starke Wesen, die Glück und Ruhm verheißen, sind die Ahnen von Kaisern (☞ *Yao*) und anderer bedeutender Männer. Jahrtausendelang hielt sich in China die Meinung, Drachen würden für den lebensnotwendigen Regen sorgen. In jeder Quelle, jedem See, jedem Fluss, jedem Bach, jedem Teich und jedem Tümpel vermutete man die Heimat eines Drachen. Als Stellvertreter für die echten Drachen formte man Drachen aus Lehm, die bei den Gebeten um Regen eine wichtige Rolle spielten. Chinesische Drachen sind häufig gelb, da Gelb die Farbe der Erde ist.

Chinesischer Drache auf einer Briefmarke

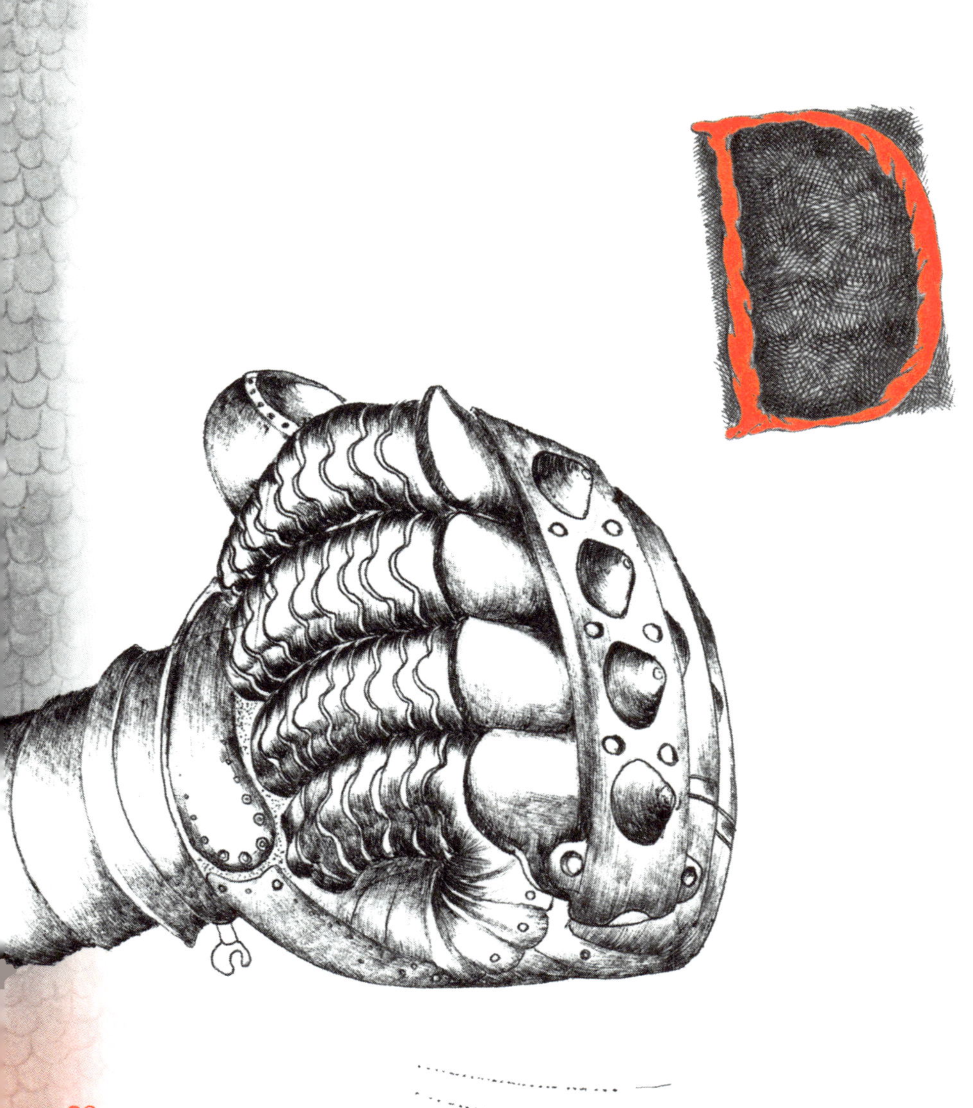

Dornteufel Wie ein echtes Monster sieht diese Echse aus (Familie: Agamen) und so heißt sie auch, nämlich Moloch *(Moloch horridus),* Dornteufel oder Wüstenteufel. Der ganze Körper, die Beine und der Schwanz sind mit braunen und gelblich-grünen Stachelschuppen übersät, die an Dornen erinnern. Die beiden größten Stacheln sitzen wie zwei Hörner direkt über den Augen und lassen den Moloch wie einen Teufel aussehen – nein, eher wie ein Teufelchen, denn er wird nicht größer als etwa 20 cm! Der Dornteufel, der in den Steppen- und Wüstengebieten Australiens vorkommt, ist übrigens völlig harmlos und ungiftig. Vermutlich sollen die Stacheln mögliche Angreifer abschrecken. Dornteufel ernähren sich hauptsächlich von Ameisen.

Dornteufel

Der DRACHENBAUM *(Dracaena)* ist keineswegs, wie du vielleicht glaubst, ein Baum, auf dem Drachen leben. Nein, der Drachenbaum spendete ☞ *Drachenblut!* Das Harz des Drachenbaums, das im Altertum und Mittelalter als das echte Drachenblut *(Sanguis draconis)* galt, war ein begehrter Rohstoff zur Herstellung von roter Farbe; auch Salben wurden damit gefärbt. Der Kanarische Drachenbaum *(Dracaena draco)* wurde in Europa erst um 1402 mit der Eroberung der Kanarischen Inseln bekannt, deren Ureinwohner, die Guanchen, das Harz zum Einbalsamieren von Leichen verwendeten.

DRACHENBLUT *(Sanguis draconis)* ist also ein ganz besonderer Saft. Verlässlichen Quellen zufolge galt es als fantastisches Haarwuchsmittel, von dem vor allem die Ritter häufigen Gebrauch machten. Dichte Körperbehaarung zählte bei den Rittern als wichtiges Attribut der Männlichkeit. Sie rieben sich Drachenblut auf die kahlen Stellen ihrer Schädel, auf die Brust,

auf die Waden und, gegen Ende des 13. Jahrhunderts, als bei den Rittern buschige Schnauzbärte hoch in Mode standen (nicht jedoch bei den Damen), träufelten sie Drachenblut vor allem auf ihre Oberlippen, um das Bartwachstum zu forcieren. Darum verwundert es nicht, dass augerechnet ein berüchtigter Drachenjäger dieser Zeit, nämlich Sigmund ☞ *Silberzahn-Floretto,* den größten Schnauzbart des ganzen Herzogtums vorweisen konnte, der von der äußersten linken bis zur äußersten rechten Barthaarspitze 47,6 Zentimeter maß. Man kann davon ausgehen, dass Silberzahn-Floretto tagtäglich seinen Schnauzer mit Drachenblut tränkte, von dem er einen großen Vorrat besaß.

Tipp:
Du willst deine Lehrerin, deinen Lehrer im Fasching mit einem echten Bart überraschen? Dann frag bei Gelegenheit nach in einer alten Apotheke, ob noch Drachenblut aus dem Mittelalter vorrätig ist. Manchmal hat man Glück: Dann finden sich in der unters-

ten Schublade in der hintersten Kommode im entferntesten Winkel Überreste dieser kostbaren Flüssigkeit, meist halb vertrocknet und verkrustet in trüben Fläschchen. Achtung: Vor Gebrauch unbedingt mit Wasser verdünnen! Die Wirkung würde sonst deine Erwartungen weit übertreffen! ***Der Clou: Drachenblut wirkt auch bei Mädchen!!!***

Dass Drachenblut unverwundbar macht, wie uns die Nibelungensage weismachen will, ist hingegen unter Drachologen umstritten und wird von vielen Drachenforschern ins Reich der Sage verwiesen werden. Sonst wären ja wohl auch die Drachen selbst unverwundbar gewesen …

Drachenblut heißt übrigens auch eine Rotweinsorte, die an den Hängen des Siebengebirges am Rhein wächst. Also, Vorsicht: Nicht in jeder Flasche, auf der „Drachenblut“ zu lesen ist, ist auch Drachenblut drin! Die steilste Kuppe des Siebengebirges, auf die auch eine Zahnradbahn führt, heißt **Drachenfels.**

DRACHENBLUNZE *(Drachenblutwurst)* ☞ *Drachenfleisch*

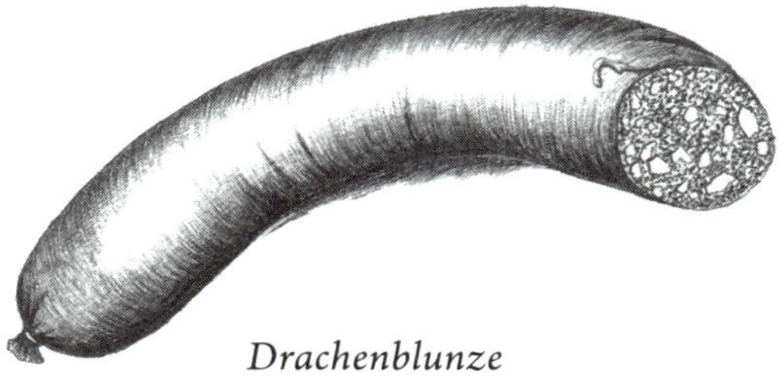

Drachenblunze

DRACHENFLEISCH war sehr beliebt an den Höfen des Mittelalters und wurde als willkommene Bereicherung des Speisezettels angesehen. Das aromatische-würzige Drachenfleisch galt gegrillt, gebraten und gekocht als leicht verdaulich und sehr schmackhaft. Freilich war es nur dem Ritterstand und nicht den Unfreien oder Bauern erlaubt, Drachenfleisch zu essen. In mehreren Sagen wird allerdings berichtet, auch Zauberer und Alchimisten würden Drachen wegen ihres Blutes und anderer Körperteile entführen und buchstäblich ausschlachten. So soll der Gelehrte Paracelsus im 15. Jahrhundert einen „gesottenen" Haselwurm verzehrt haben und dadurch „allsehend" geworden sein. Die wertvollsten Teile des Drachen waren neben der delikaten ☞ *Drachenschwanzspitze* der so genannte Lungenbraten, das Karree, das Bruststück, der Schlögel, die Schulter und die Stelze. Aber auch Drachenherz und Drachenleber waren ausgesuchte Leckerbissen. Das restliche Fleisch wurde zerkleinert („Drachenhack", Haschee) und zu Fleischlaibchen, Fleischbällchen, aber auch zu groben Pasteten verarbeitet (Drachenpastete mit Birnenkompott war ein beliebtes Dessert der „vornehmen Gesellschaft" des 12. und 13. Jahrhunderts). Feingehacktes Drachenfleisch diente auch als Füllung für diverse Würste, indem man es in die Gedärme der getöteten Tiere stopfte. So soll es im Umfeld des Pfingstturniers 1271 auf Burg Sprenkelstein tatsächlich richtige „Würstelstände" gegeben haben, an denen Drachenwurst im Sonderangebot verkauft wurde. Besonders begehrt: Drachenblunze (Drachenblutwurst).

DIE (ANGEBLICH) BESTEN STÜCKE VOM DRACHEN

Das KARREE samt Knochen war ideal zum Braten und Schmoren im Ganzen – oder als Doppelsteak vom „Sattel“ auch zum Grillen.

Schopfbraten

Lun

Schulte

Das BRUSTSTÜCK vom Drachen konnte seinen Geschmack am besten in Eintöpfen entfalten, weil das Fleisch durchzogen war, fand aber auch Verwendung als Braten.

Die DRACHENSCHULTER bot vielfältige Möglichkeit. Mit Knochen im Ganzen oder gerollt und gefüllt wurde daraus ein Braten, der an hohen Feiertagen auf den Tisch der Ritterfamilien kam. Auch für herzhafte Ragouts eignete sie die Schulter bestens.

Das ausgelöste RÜCKENFILET eines Drachen war besonders zart. Unter mittelalterlichen Feinschmeckern war es ein Gesetz, das Rückenfilet immer rosa zu servieren. Daraus konnten auch sehnenfreie Drachenmedaillons geschnitten werden, die als Minutensteaks vor allem von den Selbstversorgern unter den Rittern und in Single-Haushalten sehr geschätzt wurden.

Der SCHLÖGEL war – wie die Lunge – ein „Kaiserteil“ des Drachen: mager, aber dennoch saftig. Ideal für Schnitzel, Drachenspieße und Fondues; natürlich auch als Drachenbraten geeignet.

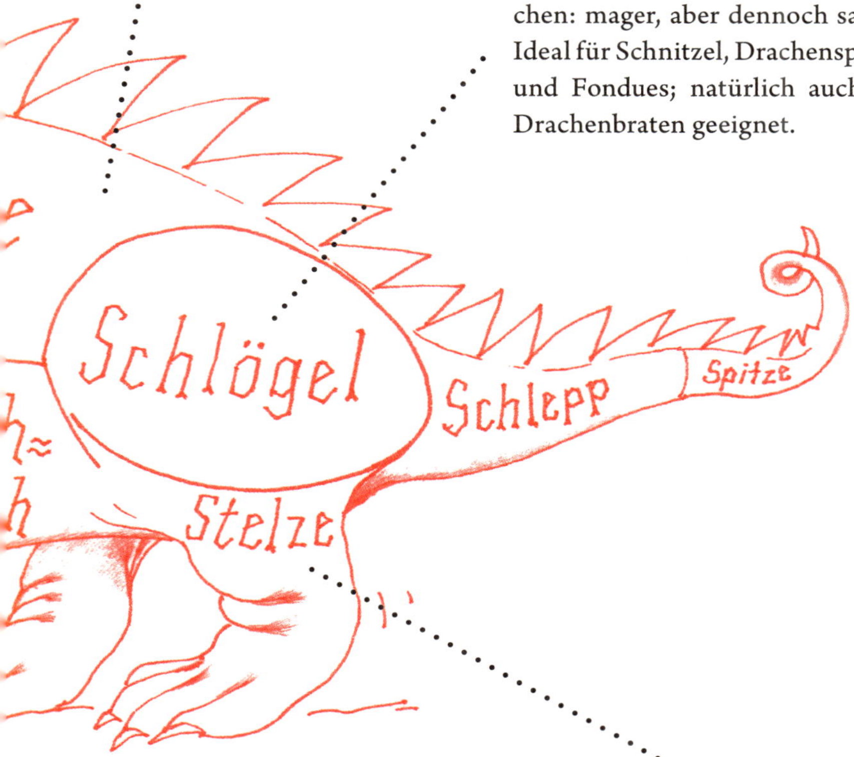

Die DRACHENSTELZE zeichnete sich durch herzhaftes Aroma aus – ideal geeignet zum Schmoren und ausgelöst (ohne Knochen) perfekt für das weithin bekannte und gerühmte Drachengulasch.

DRACHENBLUNZENGRÖSTL

– eine deftige Mahlzeit für kühle Herbst- und kalte Wintertage in schlecht geheizten Ritterburgen.

Zutaten für zwei Personen: 300 g Drachenblunze, 1 Zwiebel, 1 Prise getrockneter Majoran, 1 EL gehackte Petersilie, 1 EL Schweineschmalz, 2 Knoblauchzehen, 4 Stück mittelgroße festkochende Kartoffeln, Salz, Pfeffer.

Kartoffeln kochen, abkühlen lassen, schälen und in feine Scheiben schneiden.
Zwiebel in Streifen schneiden, in Schmalz goldgelb rösten. Zerdrückten Knoblauch und Majoran beigeben, kurz durchschwenken. Drachenblunze enthäuten, in Scheiben schneiden. In derselben Pfanne Wurst und Kartoffeln dazugeben und anbraten. Mit Pfeffer, Majoran und Petersilie würzen (falls notwendig mit Salz abschmecken).
Alle Zutaten vermischen, nochmals abschmecken und abkühlen lassen.

Dazu passen ausgezeichnet Sauerkraut oder warmer Krautsalat und Schwarzbrot.

DRACHENHALTUNG, HEUTE ☞ *Tierhaltungsgesetz*

DRACHENHAUT besteht aus kleinen ☞ *Schuppen,* ist elastisch und anscheinend sehr haltbar. In dem Buch „Drachen haben nichts zu lachen" heißt es, im 13. Jahrhundert wären aus Drachenhaut Regenschirme hergestellt worden, auch Handtaschen, Sommerschuhe sowie Gürtel, Strumpfhosen und Badeanzüge.

DRACHENHAUTKAUGUMMI ☞ *Kaugummi*

Die **DRACHENJAGD** war im Mittelalter ausschließlich den Rittern vorbehalten. Ja, es wurden richtiggehende Treibjagden auf Drachen veranstaltet. Um einen uralten Flugdrachen zu töten (und damit ins Buch der Rekorde zu kommen), veranstaltete zum Beispiel Ritter Sigurd Oregano-Eisenkies Ende des Jahres 1280 ein aufwendiges Spektakel, bei dem Bogenschützen, zahllose Jäger und Jagdgehilfen und eine Hundemeute im Einsatz waren. Die Jagd endete allerdings nicht so, wie es sich der Ritter vorgestellt hatte (nachzulesen in „Drachen lassen's richtig krachen"), zumal einige frühe Umweltaktivisten wie Ottokar von Zipp, der fahrende Sänger Archibald Exeter und eine resolute Tierschützerin namens Gwendolyn den Flugdrachen in einer waghalsigen Aktion retten konnten. Beliebt bei den Drachenjägern war auch das Errichten von Fallgruben. Dabei wurde auf einem Drachenwechsel eine tiefe Grube ausgehoben, darüber kamen morsche Äste und darauf – zur Tarnung – Gras, Heu, Moos oder Laub. Auf diese Weise wurden vor allem unerfahrene Jungdrachen gefangen, deren Fleisch (fettarm) noch beliebter war als das von erwachsenen Tieren.

Flugdrache Gigax
mit dem Edelfräulein Gwendolyn

Sigurd Oregano-Eisenkies

mit Helm

ohne Helm

Drachenkampf „Der Kampf mit dem Drachen" heißt eine Ballade des berühmten deutschen Dichters Friedrich Schiller. Dabei geht es um den großen vermeintlichen Drachen von der Insel Rhodos (☞ *Feuerspeiende Tiere)*, der von Dieudonné de Gozon, einem Ritter des Johanniter-Ordens, angeblich besiegt und getötet wurde. Schiller fühlte sich durch diese Begebenheit angeregt, eine lange Ballade zu schreiben (nicht gerade seine beste, aber er brauchte auch nur acht Tage dafür), die folgendermaßen beginnt:

…
Und einen Ritter, hoch zu Ross,
Gewahr ich aus dem Menschentross;
Und hinter ihm, welch Abenteuer!
Bringt man geschleppt ein Ungeheuer;
Ein Drache scheint es von Gestalt,
Mit einem Krokodilesrachen.
Und alles blickt verwundert bald
Den Ritter an und bald den Drachen.
…

Der Dichter muss sich ein wahrhaft scheußliches Ungetüm vorgestellt haben, wenn man sich die folgenden, für uns heute schon schwer verständlichen Zeilen bildhaft vor Augen führt.

…
Auf kurzen Füßen wird die Last
Des langen Leibes aufgetürmet;
Ein schuppicht Panzerhemd umfasst
Den Rücken, den es furchtbar schirmet.

Lang strecket sich der Hals hervor,
Und grässlich, wie ein Höllentor,
Als schnappt es gierig nach der Beute,
Eröffnet sich des Rachens Weite.
Und aus dem schwarzen Schlunde dräun
Der Zähne stachelichte Reihn;
Die Zunge gleicht des Schwertes Spitze,
Die kleinen Augen sprühen Blitze;
In einer Schlange endigt sich
Des Rückens ungeheure Länge,
Rollt um sich selber fürchterlich,
Dass es um Mann und Ross sich schlänge.

Friedrich Schiller

Immerhin erfahren wir in dieser Ballade, dass sich der mittelalterliche Held gewissenhaft auf das Duell mit dem Drachen vorbereitete. Er ließ ein Drachenmodell herstellen, an dem er zu Pferde und samt seinen Hunden ausgiebig trainierte, bevor er in den Kampf zog. Unzählige Bilder von mehr oder weniger berühmten Malern hängen in den Galerien vieler Länder, die den Kampf eines Ritters oder eines anderen Helden – oft ist es der heilige Georg – gegen einen Drachen darstellen (☞ *Drachenmuseum*). Es ist immer ein Kampf Gut gegen Böse, denn im Abendland verkörperte der Drache jahrhundertelang die dunklen Mächte, das Unheimliche, Finstere und Abgründige.

DRACHENKLAUEN waren wie die Drachenzähne im Mittelalter ein beliebter Schmuck. Sie wurden durchbohrt und – auf Riemen oder Kettchen gefädelt – sowohl von Männern als auch von Frauen um den Hals getragen.

Das DRACHENLOCH liegt 2427 m hoch und ist eine Höhle im Drachenberg über dem Taminatal im Kanton Sankt Gallen in der Schweiz. Im Drachenloch wurden Skelettreste von Höhlenbären aus der letzten Zwischeneiszeit gefunden, auch Anhäufungen von Bärenschädeln.

DRACHENMUSEUM „Das Erste Deutsche Drachenmuseum" steht in Furth im Wald in der Oberpfalz, nahe der tschechischen Grenze. Es beschäftigt sich mit Drachen und Drachentötern, insbesondere mit dem heiligen Georg und dem „Further Drachenstich", einem alten Volksbrauch zu Ehren des Heiligen. Adresse: 93437 Furth im Wald, Schlossplatz 4
Ein zweites Drachenmuseum gibt es in Lindenfels im Odenwald.

DRACHENSCHWANZSPITZEN gehörten zu den größten Delikatessen des Mittelalters.

SALAT MIT DRACHENSCHWANZSPITZEN UND CHAMPIGNONS

(für vier Personen)

Zutaten: 20 dag Drachenschwanzspitzen, 3 EL Oliven- oder Rapsöl, Salz, Pfeffer, 10 dag Champignons, ½ Kopf Bataviasalat, 1 Orange, 1 Avocado, 1–2 EL Zitronensaft.

Für das Dressing: 3 EL Aceto Balsamico, 6 EL Rapsöl, Selleriesalz, ½ TL Currypulver, zerstoßener Koriander, roter Pfeffer.

Drachenschwanzspitzen enthäuten (etwas mühsam), waschen und mit Küchenkrepp trocken tupfen. Danach feinblättrig schneiden, mit Salz und Pfeffer würzen und in heißem Raps- oder Olivenöl anbraten, bis sie goldbraune Farbe annehmen. Schwanzspitzen aus der Pfanne fischen und abkühlen lassen. Champignons säubern, in Scheiben schneiden und im selben Fett wie die Drachenschwanzspitzen kurz andünsten. Salat waschen und in mundgerechte Stücke zupfen. Orange schälen und in Würfel schneiden. Avocado halbieren und den Kern entfernen. Avocadohälften schälen und das Fruchtfleisch in längliche Spalten schneiden. Avocadospalten mit Zitronensaft beträufeln.

Für das Salatdressing den Balsamico-Essig, Rapsöl, Selleriesalz, Pfeffer, Koriander und Currypulver in eine kleine Schüssel geben und alles gut miteinander verrühren. Das Dressing nach Belieben mit Selleriesalz und Pfeffer abschmecken.
Auf den Tellern Bataviasalat, Orangenwürfel und Avocadospalten verteilen. Darauf die gedünsteten Champignonscheiben und die gebratenen Drachenschwanzspitzen anrichten. Mischung mit dem Dressing beträufeln. Zum Schluss mit rotem Pfeffer bestreuen und servieren.

Sollten in der Fleischwarenabteilung keine Drachenschwanzspitzen erhältlich sein, kann man auch Putenbruststreifen verwenden.

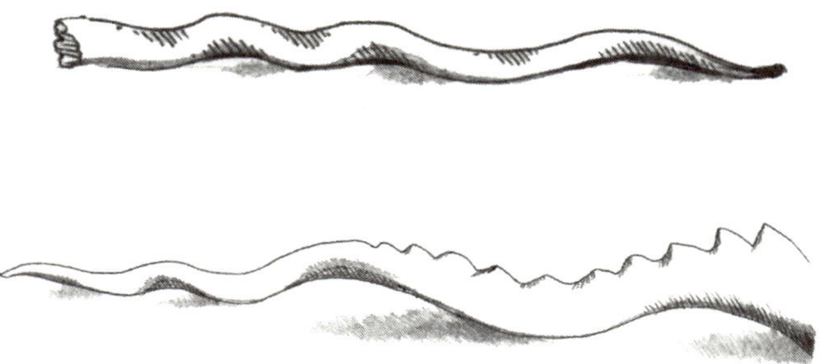

DRACHENSCHWANZSPITZENSUPPE

(für fünf Personen)

Drachenschwanzspitzensuppe wird am besten in größeren Mengen zubereitet, weil das Gericht doch einigen Zeitaufwand erfordert. Man kann sie dann portionsweise einfrieren.
Drachenschwanzspitzensuppe ist das ideale Gericht für späte Gäste oder den nächtlichen Hunger:

Zutaten für ca. 5 Portionen: 1 kleiner Kopf Weißkraut, 100 g Selchspeck, 1 Zwiebel, 3 Knoblauchzehen, 1 EL Paprikapulver, 1 Lorbeerblatt, 3 EL Schweineschmalz, 1 Liter Rindssuppe, 1 TL getrockneter Majoran, ½ TL gemahlener Kümmel, 1 Schuss Essig, 4 EL Sauerrahm, 150 g Drachenschwanzspitzen, Öl, Salz, Pfeffer.
Solltest du in der Fleischwarenabteilung keine Drachenschwanzspitzen bekommen, kannst du für diese Suppe auch 150 g Hartwurst („Dürre“) verwenden.

Vom Kraut die äußeren Blätter entfernen. Kraut in nicht zu lange Streifen schneiden. Zwiebel und Knoblauch schälen und fein schneiden. Speck in kleine Würfel schneiden.
Schmalz in einem Topf erhitzen. Speck zugeben und durchrösten. Zwiebel beifügen und anschwitzen. Majoran, Kraut und Knoblauch dazugeben, bei mittlerer Hitze 10 Minuten dünsten.

Topf vom Feuer nehmen, abkühlen lassen, Paprikapulver einrühren, Essig nicht vergessen. Mit Rindsuppe auffüllen, aufkochen. Mit Salz, Pfeffer, Kümmel und Lorbeerblatt würzen. Bei kleiner Flamme etwa 30 Minuten köcheln lassen.

Währenddessen die Drachenschwanzspitzen häuten bzw. entschuppen und feinblättrig schneiden. In einer Pfanne mit heißem Öl scharf anbraten. Suppe nochmals abschmecken und in vorgewärmten Tellern anrichten. Mit den gebratenen Drachenschwanzspitzen und etwas Sauerrahm servieren.

Schwanzspitzen von alten Drachen wurden nicht so gern gegessen. Dafür gab es andere Verwendungsmöglichkeiten: Man befestigte sie an der Wand als Jagdtrophäen oder machte Kleiderbügel daraus, indem man zwei Drachenschwanzspitzen zusammennietete und ein gebogenes Stück Draht dazwischenklemmte. Diese Drachenschwanzkleiderbügel waren gut belastbar; man konnte sogar einen Ritterharnisch daran aufhängen.

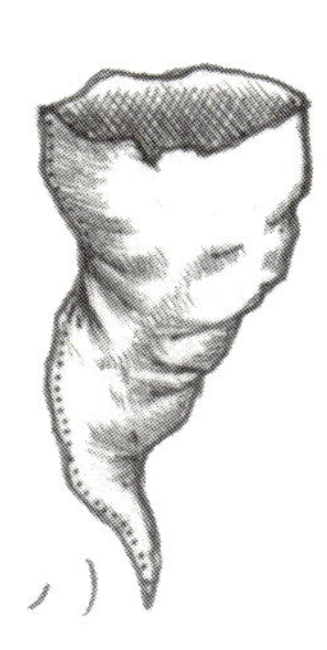

Aus den Ohrmuscheln mancher Drachen wurden Einkaufstüten, und wenn die Drachenschwanzspitzen nicht zu Drachenschwanzspitzensuppe verkocht wurden, bog man sie als Kleiderbügel zurecht.

Drachenspucke *(Drachenspeichel)* galt als bewährte Medizin gegen Rheumatismus, Ischias und Hexenschuss – ganz ohne Nebenwirkungen. Im Mittelalter konnte man die Drachenspucke rezeptfrei in Flaschen, Tonkrügen und Dosen auf den Märkten kaufen. Noch früher war ein chinesischer Kaiser namens Shun auf Drachenspucke versessen. Von ihm wird berichtet, dass er sie als Tinte verwendete, um damit die Namen von Ministern niederzuschreiben. Um genug von dieser Speicheltinte zu bekommen, befahl der Kaiser, einen violetten Drachen großzuziehen. Diesem wurden immer wieder gekochte Schwalben – das Lieblingsfressen chinesischer Drachen – vor die Nüstern gehalten. Dem Drachen lief daraufhin das violette Wasser im Maul zusammen und tropfte zu Boden, so dass es nur mehr in einem Gefäß aufgefangen werden musste. Erst nachdem man genug der kostbaren Drachenspucke gesammelt hatte, erhielt der Drache die gekochte Schwalbe zum Verzehr.

Die **Gemeine Drachenwurz** *(Dracunculus vulgaris)* wächst in den Mittelmeerländern. Sie hat ihren Namen wegen ihrer Blütenform bekommen. Aus der großen Knolle entwickelt sich eine auffallende, dunkelrote Blüte, die an eine feurige Zunge in einem offenen Drachenmaul erinnert. Die Drachenwurz ist giftig!

Als Drachenwurz wird auch die Calla (Calla palustris) bezeichnet.

DRACHENZÄHNE fanden – wie die Krallen der Drachen – als Amulette und Halsschmuck Verwendung. Besonders begehrt waren Flugdrachenzähne, denen man Zauberkräfte zuschrieb. Und: Je älter der Drachenzahn, desto höher sein Wert.

Dracho

Längst ist nicht alles erforscht,
vieles ist aufklärungsbedürftig,
und ein breites Aufgabenspektrum
wartet auf alle hoffnungsvollen

logie

Nachwuchs drachologen.

Drachologie oder Drachenkunde ist die Wissenschaft, die von Drachologen betrieben wird. Seit Jahrhunderten (wenn nicht Jahrtausenden) beschäftigen sich keineswegs nur die Reptilienfreunde weltweit mit Drachenkunde. Zoologen, Mediziner, Tierärzte, Quacksalber, Naturforscher, Zauberer, Alchimisten, Dompteure, Wunderheiler, Fantasy-Abenteurer und andere Wissenschafter sind bestrebt, Licht in das geheimnisvolle Dunkel der Drachenwelt zu bringen. Vieles von dem, was wir heute über Drachen wissen, wurde von einer Generation an die nächste überliefert, über die Zeiten hinweg weitergegeben, gesammelt und aufgezeichnet. Deshalb kennen wir heute noch die spannende Geschichte der Drachen, ihre unterschiedlichen Arten und Unterarten, wissen, wie man sie bändigt, zähmt und züchtet – Vorsicht: nicht bei allen Drachenarten möglich! –, wissen, an welchen Orten Drachen gesichtet wurden – und wo sie möglicherweise heute noch anzutreffen sind.

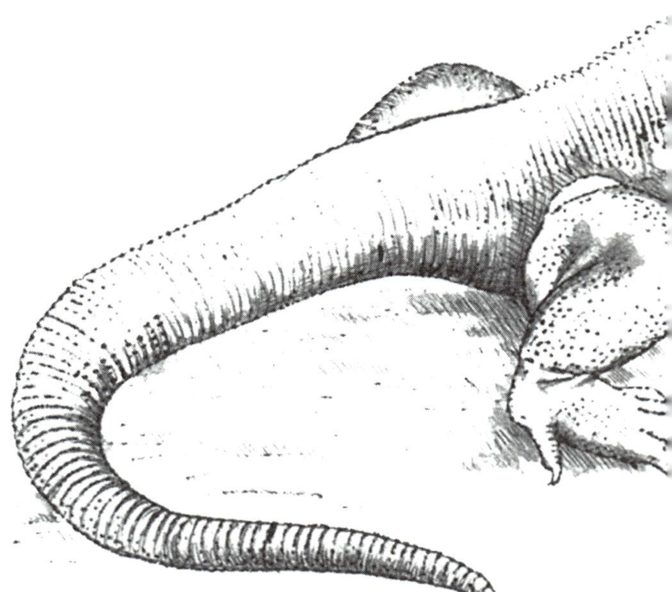

Dracontologie (engl. Dracontology) ist die Studie von der Wissenschaft unbekannter Seetiere, beschäftigt sich daher mit Meeresungeheuern und Seedrachen, also mit Nessie, Ogopogo, Igopogo & Co.

Drusenkopf *(Conolophus subcristatus)* heißt ein mittelgroßer, pflanzenfressender rötlich-brauner Drache, der einen markanten Nackenkamm besitzt. Drusenköpfe leben nur auf den Galapagos-Inseln, deswegen heißen sie auch Galapagos-Landleguane. Sie werden über einen Meter lang und bis zu sieben Kilogramm schwer. Die Weibchen legen bis zu 25 Eier und vergraben sie in feuchtem Sand oder Laub. Nach drei bis vier Monaten schlüpfen dann, von der Sonnen- und Erdwärme ausgebrütet, die Jungen.

Drusenkopf

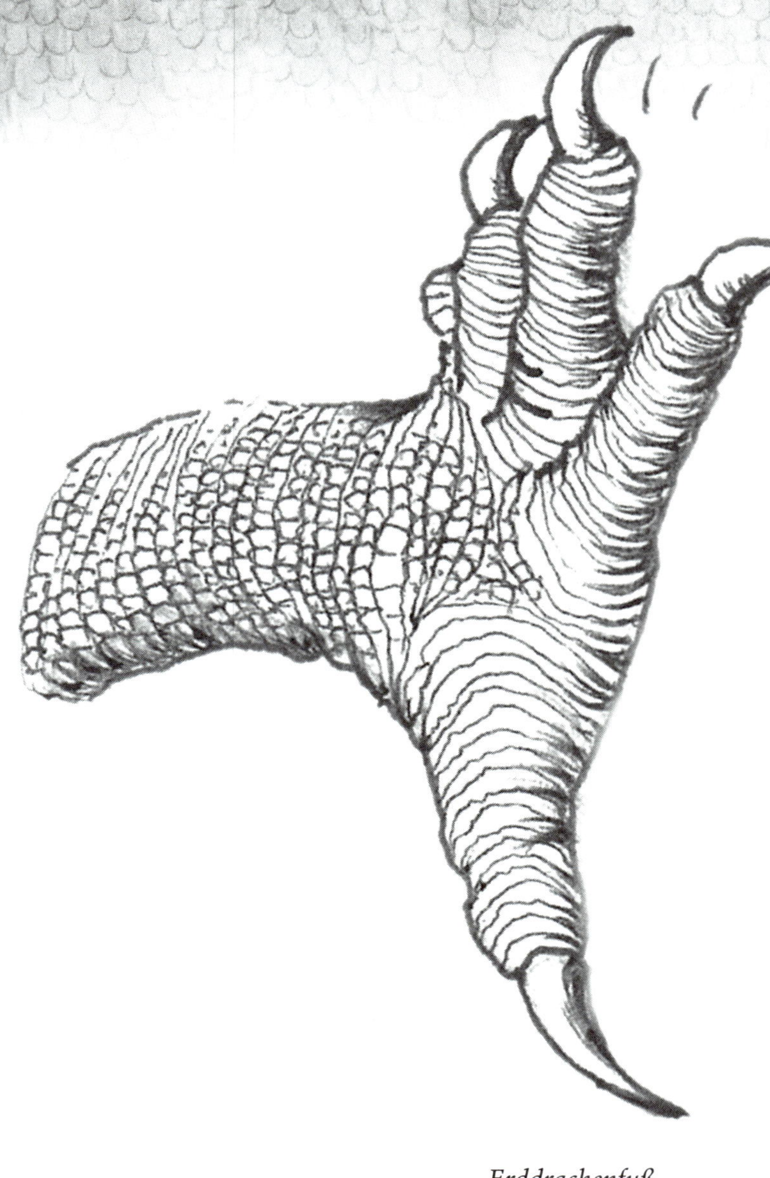

Erddrachenfuß
mit Grabekrallen

Eidechsen *(Lacertidae)* bilden die bekannteste Familie der Echsen. Eidechsen kommen nur in der Alten Welt vor, also auf den Erdteilen Europa, Asien und Afrika. Der Name kommt aus dem Althochdeutschen: eghidesa bedeutet „schlangengleich sich windend“.

Der **Erddrache** *(Draco telluris)* lebt, wie sein Name sagt, vorzugsweise unter der Erde und ist nachtaktiv. Deswegen bekommt man ihn – wenn überhaupt – auch nur sehr, sehr, sehr selten zu Gesicht. Er hält sich in aufgelassenen Fuchsbauen auf oder in Dachshöhlen, die er nach eigenem Geschmack vergrößert, mit trockenem Laub, Moos und Heu auspolstert und individuell einrichtet. In dieser Höhle kommen im Februar die Jungen zur Welt. Besonderes Kennzeichen des Erddrachen sind seine starken Grabekrallen. Erddrachen halten einen Winterschlaf.

Erddrache

Exeter, Archibald, Sir, ein fahrender Sänger (Minnesänger), machte die Idee seines Freundes ☞ *Ottokar von Zipp,* Drachen vor der Ausrottung zu schützen, zu seinem eigenen Anliegen und verschaffte ihr medial die nötige Aufmerksamkeit an den Höfen der Adeligen und Ritter. Mit seinem mehrstrophigen Lied „Drachen haben nichts zu lachen", das er hingebungsvoll immer wieder zur Laute sang, gelang ihm ein für damalige Zeiten enormer Erfolg (vor allem beim weiblichen Publikum). Diese gefühlvolle, sanfte Ballade in e-Moll machte Exeter weit über Landesgrenzen hinweg bekannt und populär und sicherte ihm für Monate Platz eins in den Hörercharts des 13. Jahrhunderts.

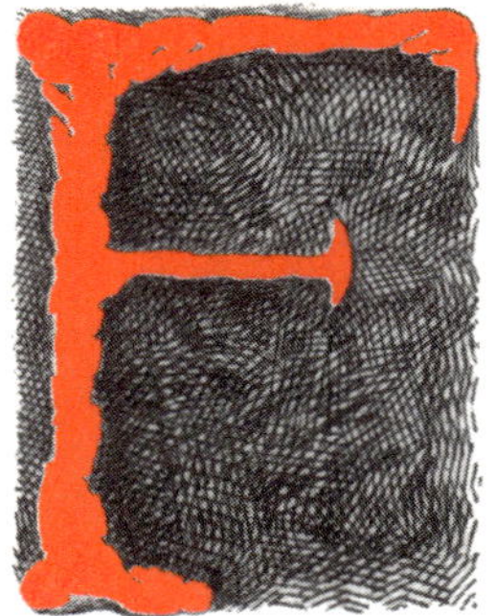

FAFNIR *(Fafner)* ist der Name des Drachen, der in der Nibelungensage von Siegfried getötet wurde. Der Drachentöter badete bekanntlich in Fafnirs Blut, was ihn – bis auf eine kleine Stelle an der Schulter – unverwundbar machte.

FEUERSPEIENDE TIERE Weite Teile unseres Landes waren im Mittelalter noch von dichten Wäldern bedeckt: der ideale Lebensraum für alle Arten von Drachen. Doch die Menschen vermehrten sich schneller als die Drachen. Um Platz für Siedlungen, Dörfer, Äcker, Felder, Wiesen und Weiden, also um Lebensraum für die Menschen und ihre Haustiere zu gewinnen, wurden viele Wälder gerodet. Dabei ging man nicht zimperlich vor. Weil es ziemlich mühsam ist, dicke Bäume umzusägen, erfand man die Brandrodung. Waldbrände waren im Mittelalter also keine Seltenheit. Ganze Wälder wurden einfach abgefackelt. Da konnte es schon passieren, dass einmal mehr Wald verbrannte als beabsichtigt. Also musste ein Sündenbock her. Und so erfand man das Märchen von den feuerspeienden Drachen, das sich bis in unsere Zeit hartnäckig gehalten hat, obwohl erwiesen ist, dass es kein Tier auf diesem Erdball gibt, das Feuer speien kann (übrigens: auch keinen Menschen).

Auf dieser alten Abbildung des berühmten Drachen von Rhodos, der angeblich 1345 vom Kreuzritter Dieudonné de Gozon (Deodatus de Gozo) getötet wurde (☞ *Drachenkampf*), sieht es wirklich aus, als würde das Tier Feuer speien. In Wirklichkeit wollte der Künstler aber nichts anderes, als den schlechten Atem (Brodem) des Drachen bildlich darstellen. Wie man bald herausfand, handelte es sich bei dem vermeintlichen Drachen von Rhodos aber um ein großes Krokodil! Nichtsdestoweniger war später auf dem Grabstein des Ritters die Inschrift „DRACONIS EXTINCTOR" („Vertilger des Drachen") zu lesen.

Drache von Rhodos

Flugdrachen gibt es auch heute noch! Die kleinen, oft bunten Echsen der Agamen-Gattung *Draco volans* im tropischen Asien sind erstaunliche Wesen. Sie besitzen ein Hautsegel zwischen den seitlich verlängerten Rippen. Diese Membran macht es möglich, dass die Flugdrachen in kurzen Gleitflügen von Baum zu Baum segeln. Aber eigentlich ist der Flugdrache ein Mini-Drachen, denn er misst gerade einmal 20 cm, wobei der Schwanz zwei Drittel der Länge ausmacht. Vorder- und Hinterbeine enden, wie beim Basilisken, in Zehen mit langen Krallen. Damit kann sich der Flugdrache an Baumstämmen festhalten. Nur zur Fortpflanzung und zur Eiablage kommen die Tiere auf den Boden.

Flugdrachen gehen oder fliegen bei Tag auf die Jagd. Sie ernähren sich von Insekten, vorzugsweise von baumbewohnenden Ameisen und Termiten, die sie mit ihrer klebrigen Zunge leicht erbeuten können.

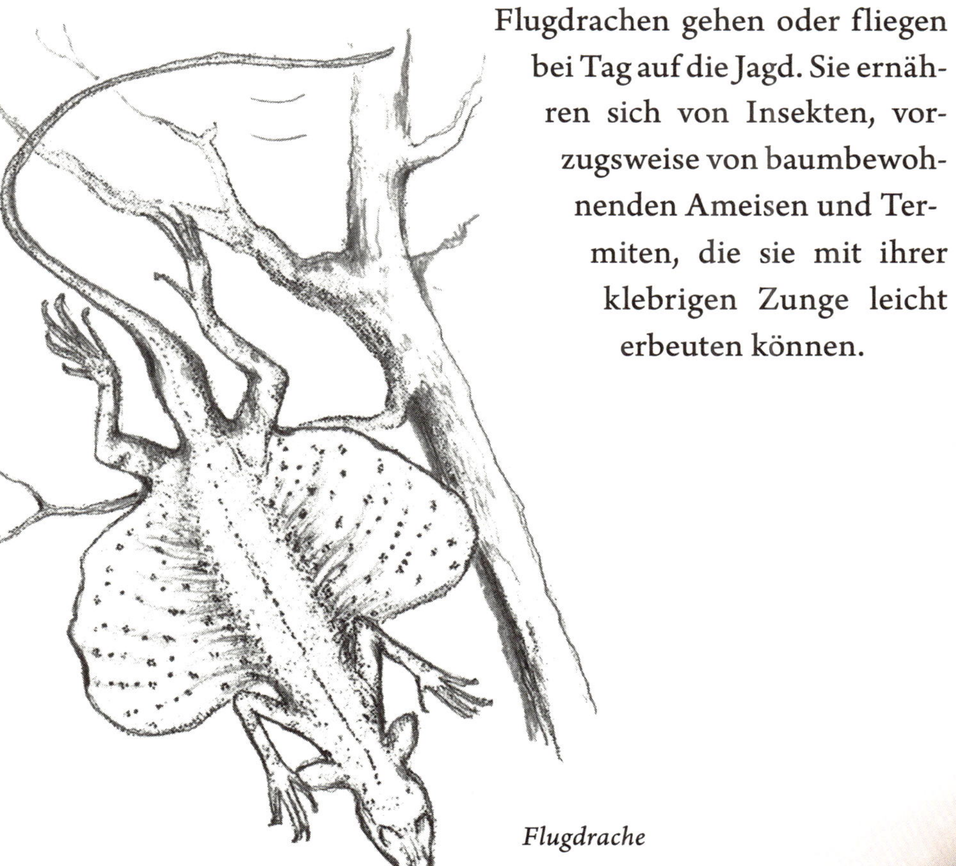

Flugdrache

Gecko Geckos *(Gekkonidae)* sind weit verbreitet. Es gibt sie in Regenwäldern genauso wie in Wüsten oder Steppen. Die kleinste Gecko-Art erreicht nur 3,5 cm, die größte immerhin 40 cm Länge. Allen Geckos gemeinsam ist eine weiche Haut, die – wie bei den Drachen im Allgemeinen – mit Schuppen besetzt ist. Geckos können, wie unsere heimischen Eidechsen, den Schwanz abwerfen, sobald Gefahr im Verzug ist. Der Geckoschwanz kann wieder nachwachsen, erreicht dann aber nur mehr selten die ursprüngliche Länge und Schönheit. Vielen Geckoarten wie dem Mauergecko ist es möglich, an glatten Flächen entlangzulaufen oder sogar an ihnen hochzuklettern. Manche Geckos haben Millionen feinster Härchen an den Zehen oder winzige Krallen als Kletterhilfe.

Gesner, Conrad (1516–1565), auch Geßner, Gessner, ein Schweizer Naturforscher, Arzt und Drachologe im 16. Jahrhundert. Ihm verdanken wir viele merkwürdige und interessante Mitteilungen aus der Welt der Drachen. So berichtet Gesner, dass es auf der griechischen Insel Chios Drachen gab, die durch ihr lautes Pfeifen die Einwohner erschreckten.

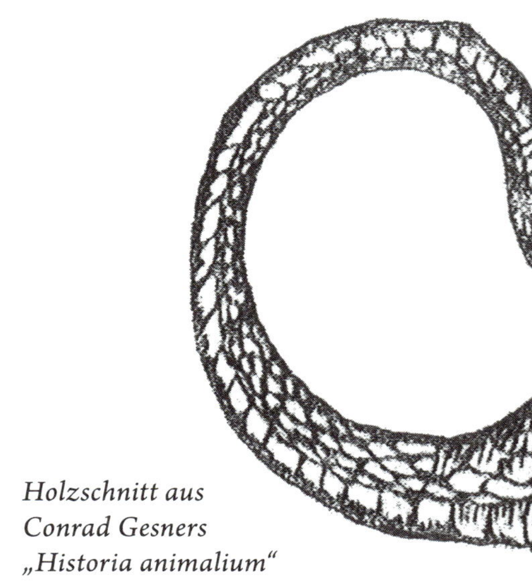

Holzschnitt aus Conrad Gesners „Historia animalium"

Bevor du aber jetzt, liebe Drachenforscherin, lieber Drachenforscher, eine Reise nach Griechenland buchst, um die pfeifenden Drachen von Chios zu sehen und zu hören, lies weiter. Ein Waldbrand (im Sommer in Griechenland sehr häufig) hat diese Pfeifdrachen leider samt und sonders ausgerottet. Übrigens behauptete Gesner – seine wichtigsten Werke sind „Die Geschichte der Tiere“ (Historia animalium) und „Das vollkommene Fischbuch“ –, dass es Drachen nur in den Farben Schwarz, Rot (☞ *Karfunkeldrache*), Aschefarben und Gelb gäbe. Smaragddrachen hat er also anscheinend nicht gekannt.

Glücksdrache In Ostasien gilt der Drache als starkes, schönes, wohltätiges und oft glücksbringendes Wesen, das dem Wasser verbunden ist (in Wolken, Brunnen, Quellen) sowie als Sinnbild des männlichen Prinzips. Als Gegenstück erscheint der in Dickichten und Niederungen lebende Tiger. In China brachte es der Drache sogar zum kaiserlichen Symbol.

Die Chinesen kennen eine ganze Reihe von Drachenarten, wie etwa die Erddrachen, Wasserdrachen, die Schätze hütenden Drachen und die Himmelsdrachen. Bei Drachenfesten werden kunstvolle Drachennachbildungen mit schlangenähnlichen Körpern, die so lang sind, dass sie von mehreren Menschen getragen werden müssen, in Prozessionen zur Schau gestellt.
Auch Fuchur, der berühmte Fantasy-Drache aus Michael Endes „Unendlicher Geschichte“ ist ein Glücksdrache.

Chinesischer Glücksdrache

Haselwurm Verwandter des ☞ *Lindwurms.* Im Alpenraum unterschied man früher genau zwischen Tatzelwurm, Stollenwurm und Haselwurm. In einer Salzburger Sage wird berichtet, der Haselwurm würde aussehen wie eine Schlange und sei nicht größer als ein neugeborenes Kind. Die Haut, so heißt es, würde in den schönsten Farben schillern und quer über den Leib würden verästelte Linien (rot und grün) verlaufen. Ein Bauer aus dem Pinzgau (Salzburg), der dem Naturwissenschafter, Drachologen und Arzt Paracelsus (1493–1541) einen Haselwurm brachte, soll von dem Gelehrten für seinen seltenen Fund mit einem Beutel voller Goldmünzen fürstlich belohnt worden sein. Paracelsus stand schon zu Lebzeiten im Ruf eines Zauberers.

Haut ☞ *Drachenhaut*

Heckendrachen ☞ *Zaundrachen*

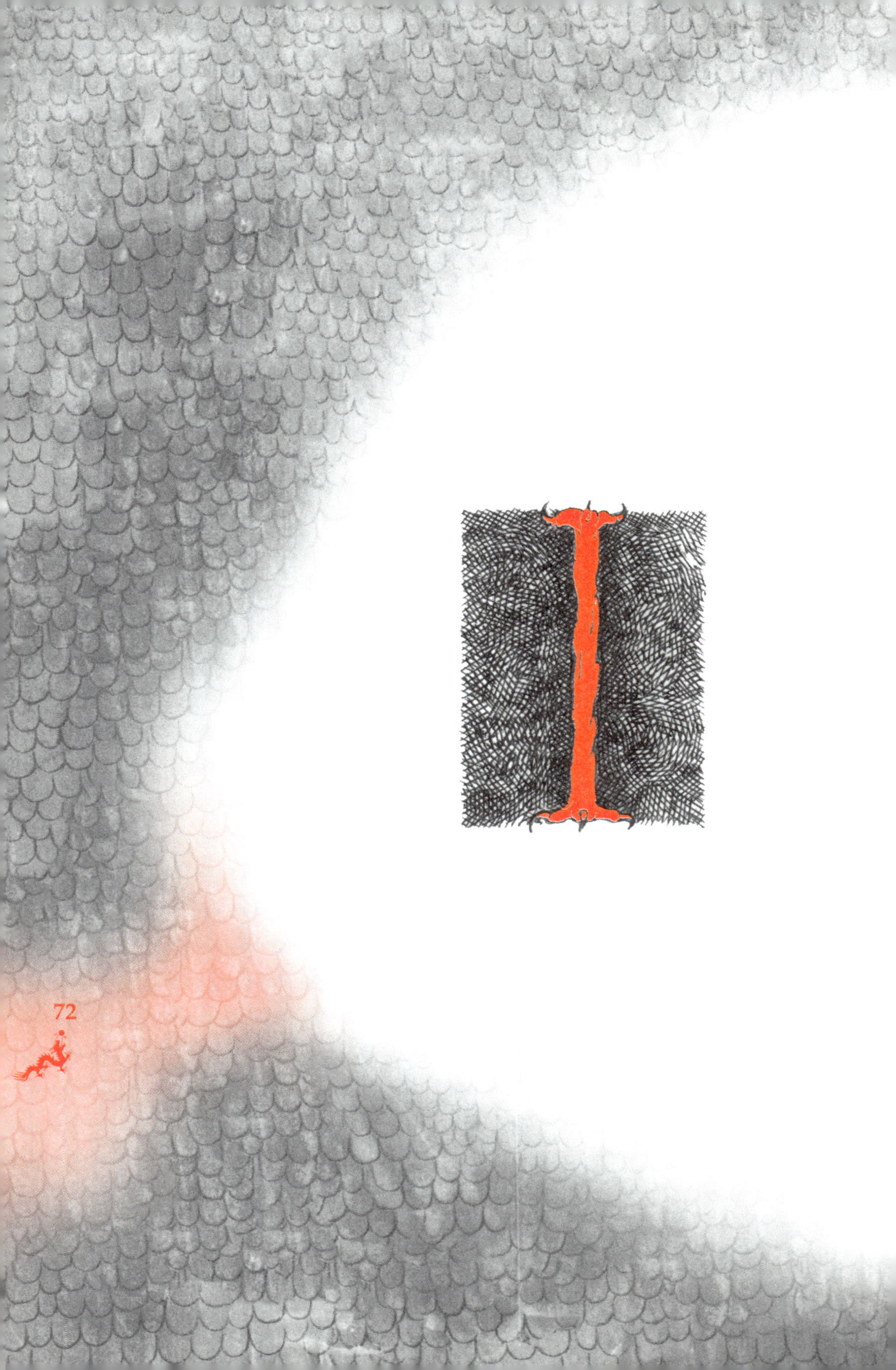

Igeldrache ☞ *Bürstendrache*

Innereien ☞ *Leber*

Iucn ist die Abkürzung für International Union for Conservation of Nature and Natural Resources (Deutsch: Weltnaturschutzunion). Diese internationale Organisation mit ihrem Sitz in Gland in der Schweiz hat es sich zur Aufgabe gesetzt, die Gesellschaft für den Natur- und Artenschutz zu sensibilisieren, ein „Umweltbewusstsein" bei den Menschen dieser Erde zu entwickeln. Nachhaltiger, schonender Umgang mit der Natur, ihren Lebewesen und ihren Ressourcen ist das erklärte Ziel der IUCN. Eine wichtige Aufgabe der Weltnaturschutzunion ist die Erstellung und Veröffentlichung der ☞ *Roten Liste* gefährdeter Arten, auf der sich auch viele Reptilien befinden.

JUNGDRACHEN Die Abbildung dieses „Jungdrachen" aus dem 17. Jahrhundert findet sich in dem Buch „Unterirdische Welt" von ☞ *Athanasius Kircher.* Das nur zweibeinige Tier erinnert entfernt an einen Plesiosaurus der Urzeit. Angeblich wurde es im 16. Jahrhundert in Italien erbeutet und war als Präparat, also „ausgestopft", in der Sammlung des italienischen Naturforschers Ulisse ☞ *Aldrovandi* (1522–1605) zu besichtigen.

Jungdrache
von Athanasius Kircher

Ganz anders sehen die Jungdrachen aus, die im Sommer 1280 am Hof Herzog Alfons' zur Welt kamen.

Von seiner Frau, Herzogin Leopoldine, wird berichtet, dass sie beim Anblick der vier neugeborenen, katzengroßen Kammdrachenbabys ihren sehnlichen Wunsch nach Enkelkindern vergessen und verzückt ausgerufen haben soll: „O, diese niedlichen Würmchen!"

Jungdrache

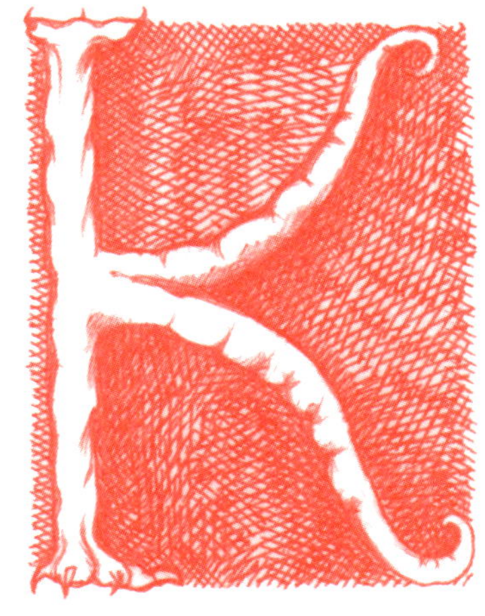

KAMM Ein Kamm auf einem Drachenrücken kann aus Zacken bestehen, aus Stacheln, aus Kegeln – oder wie ein Segel aussehen, das entfernt an eine Rückenflosse erinnert. Manche Tiere wie die ☞ *Bartagame* oder die ☞ *Chamäleons* haben auch Kämme an Bauch und Kehle.

Der GEMEINE KAMMDRACHE *(Draco vulgaris)* gilt als der klügste und gelehrigste Drache des Abendlandes. Von allen Drachen sind Kammdrachen die musikalischsten. Ihre Fähigkeit, Stimmen zu imitieren, ist mehr als erstaunlich. Ein Kammdrache kann krähen wie ein Hahn, gackern wie ein Huhn, wiehern wie ein Pferd, bellen wie ein Hund oder flöten wie eine Amsel. Nichtsdestoweniger wurden die Kammdrachen von den Rittern eifrig gejagt. Aus alten Quellen wissen wir, dass der Kammdrache bereits im Altertum und frühen Mittelalter als Rettungsschwimmer, Suchtier für verschüttete

Lawinenopfer, ja sogar als eine Art Blindenhund eingesetzt wurde. Kammdrachen sind die Alleskönner unter den Drachen. Sie laufen flink und ausdauernd, klettern ausgezeichnet (ähnlich wie Mauergeckos), sofern die Mauern oder Felswände nicht zu glatt sind. Die Unterseiten der Drachenzehen wirken dabei wie Saugnäpfe und dank ihrer feinen Schuppen können die Tiere kaum zurückrutschen (siehe „Drachen machen starke Sachen“).

Das befähigt sie unter anderem dazu, sogar Kamine innen hochzuklettern, wobei ihnen neben den Schuppen auch der Zackenkamm auf dem Rücken zugute kommt, da sich die Zacken nur in eine Richtung umlegen und wie Widerhaken wirken (siehe „Drachen kann man nicht bewachen“).

Kammdrachen können angeblich sogar die Farbe wechseln, ähnlich den ☞ *Chamäleons.* Der bekannteste Kammdrache der Geschichte ist wohl Klemens (ca. 1271–1369), der domestizierte Hausdrache des Ritters Ottokar IV. von Zipp, dem Franz Sales Sklenitzka in den Drachenbüchern Band eins bis fünf ein literarisches Denkmal setzte.

Klemens, Hausdrache des Ritters Ottokar IV. von Zipp, beim Tanzen

Vom namhaften Minnesänger Archibald Exeter ist der Ausspruch überliefert, dass der Kammdrache Klemens zu den Klängen der Laute besser tanzen würde als so manches Burgfräulein. Klemens, in seiner Jugend ein leidenschaftlicher Fußballspieler, war wohl auch der einzige Drache, der als Reittier an einem Turnier teilnahm, und zwar am Pfingstturnier 1279 zu Klosterneuburg unter dem Decknamen Rapunzel von Wittelsbach.

Kammdrachen bringen übrigens – vergleichbar dem Alpensalamander – lebende Junge zur Welt, legen also keine Eier. Im Sommer 1280 gebar das Drachenweibchen Stella am Hof des Herzogs Alfons vier kleine Drachenbabys, die bald auf die Namen Robert, Elinor, Nepomuk und Klementine hörten (☞ *Jungdrachen*).

Klemens beim Pfingstturnier 1279 zu Klosterneuburg

Der KARFUNKELDRACHE *(Draco carbunculus illustris)* ist wohl der seltenste Drache überhaupt.

Bis heute ist es kaum gelungen, irgendjemanden ausfindig zu machen, der bezeugen kann, einen Karfunkeldrachen mit eigenen Augen gesehen zu haben – was darauf hindeutet, dass es sich um eine besonders scheue Art handelt. Die rötlich schimmernden Schuppen des Krafunkeldrachen galten als Glücksbringer. Wer eine solche Schuppe im Geldbeutel trug, durfte damit rechnen, dass ihm nie mehr das Geld ausging. Den Namen erhielt dieser Drache vom Karfunkel, einer alten Bezeichnung für rote Edelsteine wie für den Rubin oder den roten Granat.

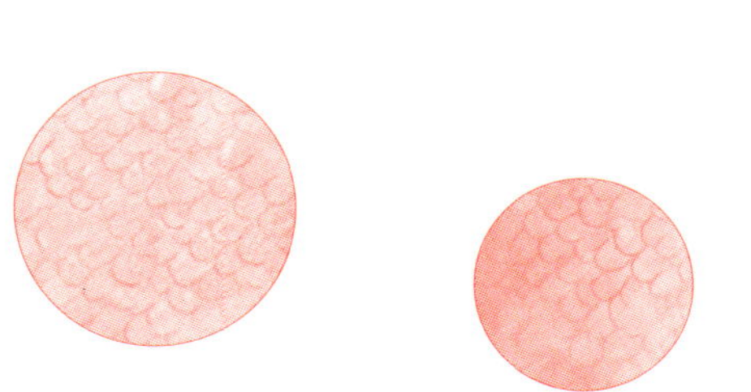

KAUGUMMI aus Drachenhaut schmeckte, wenn es stimmt, was in alten Chroniken berichtet wird, herb-würzig und ein bisschen nach Pfefferminze, was wohl damit zu tun hat, dass die wilde Minze zu den Lieblingsspeisen vieler Drachenarten zählte. Kaugummi wurde nämlich im Mittelalter genauso wenig wie heute aus Gummi hergestellt, sondern – damals – aus Drachenhaut, vorzugsweise der weichen und dünnen Bauchhaut des Drachen, die man in mundgerechte Streifen schnitt. Drachenhautkaugummi galt als unverwüstlich und hatte praktisch kein Ablaufdatum; er konnte, wenn er nicht irrtümlich verschluckt wurde, jahrelang gekaut werden, ohne seinen typischen Geschmack zu verlieren.

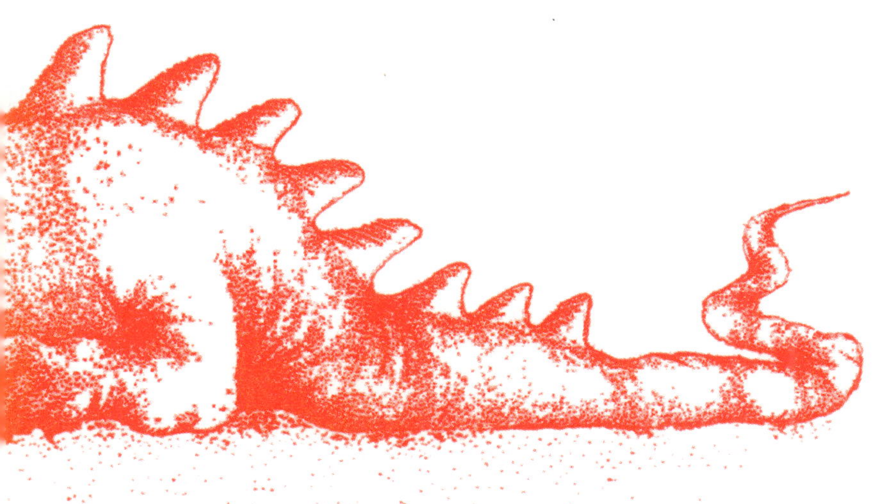

Karfunkeldrache in Lauerstellung

Kircher, Athanasius

(1602–1680), Jesuit und Universalgelehrter, beschäftigte sich neben der Mathematik und Philosophie, den orientalischen Sprachen auch mit Naturwissenschaften und Drachologie. In seinem Buch „Unterirdische Welt“ (Mundus subterraneus) behauptet Kircher, die Erde sei von unterirdischen Höhlen durchzogen, in denen alle möglichen Ungeheuer, darunter auch die Drachen, hausen würden. Die Drachen, die sich an der Erdoberfläche zeigten und von den Menschen bekämpft würden, seien verirrte Tiere, die den Weg zurück in ihren unterirdischen Lebensraum nicht mehr gefunden hätten – also eigentlich bedauernswerte Geschöpfe – wenn Athanasius Kircher nicht irrte.

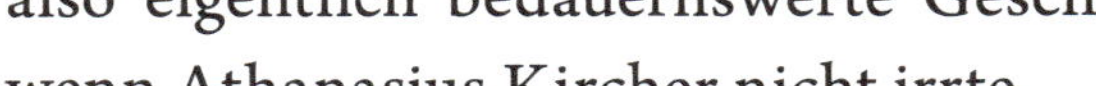

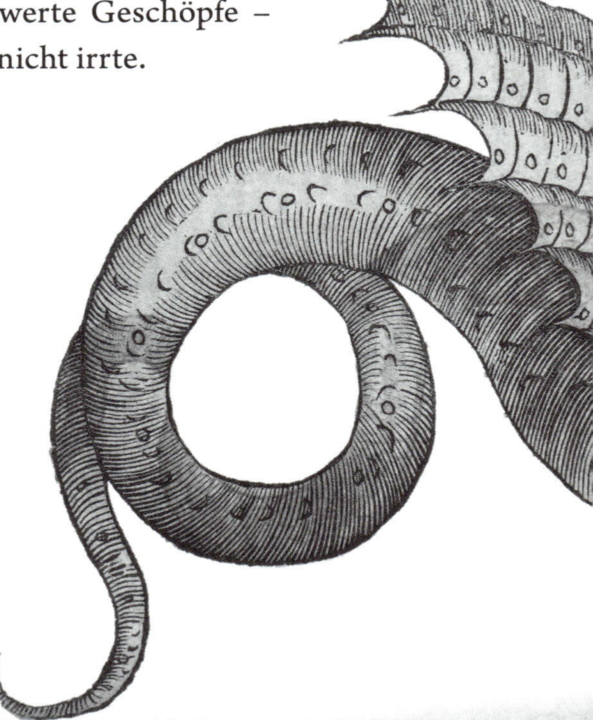

Knochen Drachenknochen gelten und galten bei den Chinesen als wirksames und begehrtes Heilmittel. Es gibt kaum eine Krankheit, die man mit pulverisierten Drachenknochen nicht heilen konnte. Gegen Fieber und Durchfall, gegen Furunkel und Nasenbluten, gegen Leber- und Nierenleiden und gegen Beschwerden in der Schwangerschaft wurden sie eingesetzt. Sogar Geisteskrankheiten wurden damit behandelt. Da stellt sich die Frage, ob überhaupt genug Material vorrätig war oder ob nicht manch andere Mittel als zerriebene Drachenknochen ausgegeben wurden.
Einem Rezept zufolge wurden die Knochen über Nacht in Alkohol gelegt, anschließend über offenem Feuer geröstet, bis sie sich rot färbten, und danach zermahlen. Dabei durfte aber keinerlei eisernes Werkzeug verwendet werden, denn Drachen verabscheuen Metall.

Krallen ☞ *Drachenklauen*

Draconis Alati figura ex Pareo

KROKODILE *(Crocodilia)* existieren seit rund 230 Millionen Jahren auf der Erde und kritische Stimmen behaupten, sie seien gefräßig und nicht sehr schlau. Das ist ein krasses Vorurteil, denn die furchterregenden Biester passen sich – anders als ihre entfernten Verwandten, die Drachen – immer wieder geschickt der Umwelt an und haben es so bis heute geschafft zu überleben. Freilich wurde so manches Krokodil auch schon mit einem Drachen verwechselt – und umgekehrt. Viele Dinge, die man heutzutage nicht mehr aus Drachenleder herstellen kann, weil es kaum mehr Drachen gibt, werden ersatzweise aus der Haut des Krokodils erzeugt:

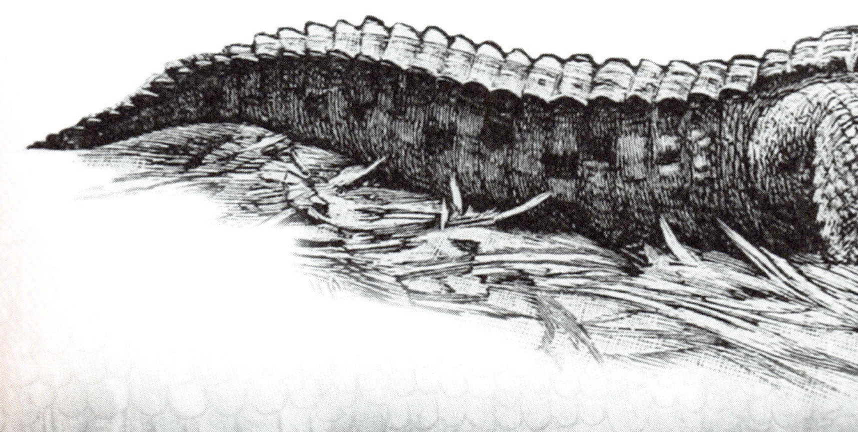

Damenhandtaschen zum Beispiel. Aber auch die Krokodile wurden weniger, vor allem die verwertbaren Arten. Deswegen werden die Panzerechsen heutzutage in Krokodilfarmen und Krokodilranches gezüchtet. Dort, vor allem im Süden der USA, vermarktet man Leder und Fleisch der Krokodile. Gatorburgers und Schmalz aus Alligatorenfett sind sehr beliebt.

Crocodilus niloticus

Kryptozoologie kann man nicht studieren. Aber Kryptozoologin oder Kryptozoologe kann jede und jeder werden, du genauso wie ich. Die Kryptozoologie ist eine Wissenschaft, die es seit etwa 60 Jahren gibt. Und obwohl sie nicht von allen Wissenschaftern anerkannt oder ernst genommen wird, hat sie viele Fans. Sie beschäftigt sich zum Beispiel mit Tieren, die man für ausgestorben hält, von denen aber vermutet werden kann, dass sie auch in der heutigen Zeit noch leben. Dazu gehören einige Echsen und Amphibien. Und sie befasst sich mit Tieren, die in Gebieten leben, wo sie nie vermutet worden wären. Vor allem aber beschäftigt sie sich mit der Entdeckung „normaler“ Tiere, welche verborgen vor dem Menschen leben, weil die Kryptozoologie davon ausgeht, dass längst nicht alle Tierarten auf der Welt bereits bekannt sind. Zoologen sprechen von 15 Millionen Arten, die erst entdeckt werden müssen! Diese „versteckten“ oder „verborgenen“ Tiere nennt man Kryptiden.

Ein Bereich der Kryptozoologie ist die „Mythologische Kryptozoologie“. Wenn zum Beispiel jemand einer Drachensage nachgeht, ihre Hintergründe erforscht und darauf kommt, dass es sich bei dem vermeintlichen Drachen um einen Waran handelt, so wäre das eine bemerkenswerte kryptozoologische Entdeckung …

KUSCHELDRACHEN sind eher zart von Wuchs, können meistens in der Waschmaschine mit 40 Grad gewaschen werde, leben hauptsächlich in Kinderzimmern, halten sich sogar in Schultüten auf und werden der großen Familie der Plüschtiere zugerechnet. Es gibt sie, seit die Drachen Eingang in die Kinderliteratur fanden. Der Ausdruck „Kuscheldrache“ lässt sich aber bis ins 13. Jahrhundert zurückverfolgen. Angeblich hat Ritter und Drachenforscher Ottokar von Zipp seine Gemahlin, Herzogstochter Edeltraud, zärtlich „mein Kuscheldrache“ genannt, allerdings auf Mittelhochdeutsch.

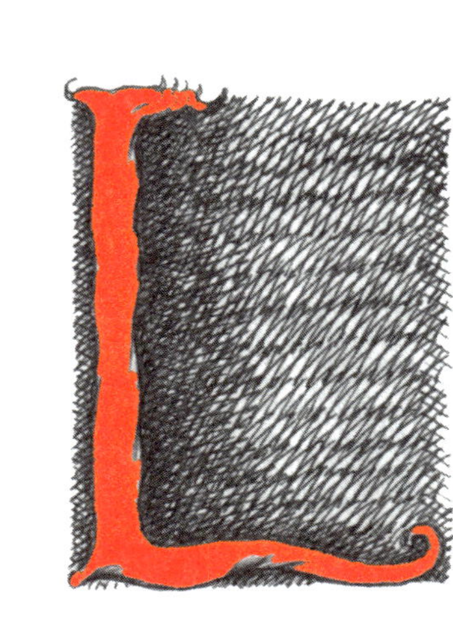

Der LACHDRACH VOM SPRANZENBERG ist eine Sagengestalt aus dem gleichnamigen Buch von Hans Domenego. Angeblich hauste der Lachdrach in einem Loch in der Felswand des Spranzenbergs. *„Er war schrecklich anzusehen mit seinem Vogelkopf am Schlangenhals, mit der rot-gelb-grün gescheckten Schuppenhaut und den mächtigen Krallen an den Füßen."* Dieser Drache brüllte nicht, sondern lachte. Es war ein wildes Gelächter, das man dann und wann bis ins Dorf hörte. Dann schlossen die Leute in Spranz die Läden und Türen ihrer Häuser und verstopften sich die Ohren. Denn das Schreckliche war, dass jeder, der das Gelächter hörte, mitlachen musste. Es war ein böser Zauber und manch einer lachte sich dabei zu Tode. *„Die Gerippe sind viele Jahre lang unter den Echowänden gelegen und die Schädel haben immer noch gegrinst ...",* heißt es in dieser Sage. Dass Drachen gar nichts zu lachen hatten, behauptet hingegen Sir Archibald ☞ *Exeter* glaubhaft in seinem unvergesslichen ☞ *Protestsong* „Drachen haben nichts zu lachen", der ihn zu einem der berühmtesten Minnesänger des Mittelalters machte.

Drachen sind

unsterblich!

LEBENSERWARTUNG Drachen konnten alt werden, sehr alt – wenn man sie ließ. Sie konnten das Alter von Elefanten, Papageien und Schildkröten erreichen, ja diese Tiere sogar noch übertreffen. 150 Jahre waren keine Seltenheit. Dieses Glück wurde aber nur wenigen Drachen zuteil. Die meisten Drachen in unseren Breiten wurden ja bekanntlich gejagt und bereits in jungen Jahren getötet. In Sagen und Märchen hingegen können Drachen Jahrhunderte und Jahrtausende alt werden. Da heißt es zum Beispiel öfter, alle tausend Jahre würde sich ein bestimmter Drache umdrehen und mit dem Schwanz schlagen (und damit ein Erdbeben verursachen oder einen See zum Überfließen bringen). Und in China halten viele Leute den Drachen überhaupt für unsterblich. Andere behaupten wiederum, sie würden doch sterben, allerdings erst nach einem sehr langen Leben, das sich praktischerweise durch einen kräftesparenden ☞ *Winterschlaf* entsprechend verlängert. In modernen Märchen kommen mittlerweile auch häufig sehr alte Drachen vor. Sie sind manchmal taub, oft halb blind, jedenfalls senil und altersschwach und stellen für Mensch und Tier keine Gefahr dar. Niemand braucht mehr ausziehen, um sie zu töten. Sie sind nicht beängstigend, sondern auf gewisse Weise rührend und appellieren in ihrer Hilflosigkeit an unser Mitgefühl.

LEBER Drachenleber hatte den Ruf, dem, der sie aß, besonderen Mut zu verleihen und die Kenntnis aller Tiersprachen; sie fand aber auch – wie das Hirn des Drachen – als Medizin bei ganz schwierigen Fällen Verwendung, bei denen alle anderen Mittel versagten. Vor dem Braten wurde die Leber meist einige Zeit in frische Milch eingelegt, um den intensiven Geschmack etwas zu mildern.

Tipp: Solltest du deinen (mutlosen) Gästen Drachenleber (oder Drachennieren) auf den Tisch stellen, dann immer erst vor dem Servieren salzen! Salzt man Innereien nämlich schon beim Braten, werden sie hart (die Innereien, nicht die Gäste).

LEGUANE *(Iguanidae)* sind eine Famile der Echsen, die in der Neuen Welt, aber auch auf Madagskar und den Fidschi-Inseln verbreitet sind. Sie fressen meistens tierische Kost, haben Kämme auf dem Rücken, leben auf Bäumen wie der grüne Leguan oder am Boden wie der Erdleguan. Der Nashornleguan hat zwei kleine Hornfortsätze auf seiner Nase.

Nashornleguan (Cyclura cornuta)

Der LINDWURM ist vor allem in den Alpenländern heimisch, dort allerdings auch nur mehr sehr selten. Im Englischen wird ein zweibeiniger Drache ohne Flügel als „lindworm“ oder „lindorm“ bezeichnet. Im Gegensatz zum ☞ *Wyvern* hat der Lindwurm nur kurze Flügel und ist fluguntauglich. Das Hinterteil soll an einen Löwen erinnern. Die Anzahl der (eher kurzen) Beine variiert. Es können zwei sein, vier oder auch mehr. Der Schwanz ist, wie bei Drachen üblich, lang und spitz auslaufend. Der bekannteste Lindwurm ist in Klagenfurt, der Hauptstadt Kärntens, daheim. Allerdings ist er nicht aus Fleisch und Blut. Ein Lindwurm ist auch das Wahrzeichen der slowenischen Hauptstadt Laibach. Auch bei ☞ *Fafnir,* dem Drachen aus der Nibelungensage, soll es sich – genau genommen – um einen Lindwurm gehandelt haben, wie Lindwürmer überhaupt vor allem in germanischen Sagen erwähnt werden. Lindwürmer gelten meist als Menschenfresser.

Ortsnamen, die mit Lim- oder Lind- beginnen, können auf eine überlieferte Drachensage deuten, zum Beispiel Limburg an der Lahn.

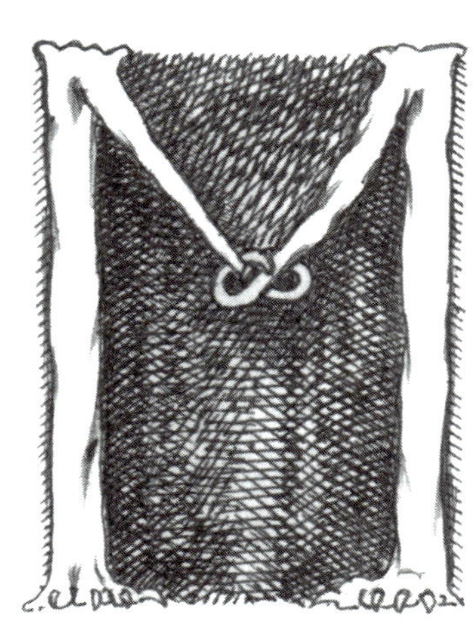

Mauerdrache

Der MAUERDRACHE *(Draco muralis),* auch Ruinendrache, hielt sich, wie sein Name schon sagt, vorzugsweise in Gemäuern auf. Beliebte Wohngegenden waren Ruinen, baufällige, zugige, feuchte Gemäuer, aber auch Keller oder verfallene Grüfte aufgelassener Friedhöfe. Wie sein naher Verwandter, der Zaundrache, war er erstaunlich wandlungsfähig und konnte die Farbe seiner Umgebung annehmen. Als Glücksbringer wie etwa Schweinchen oder Rauchfangkehrer wurden Mauerdrachen allerdings nie gesehen – ganz im Gegenteil. Entdeckte im Mittelalter ein Ritter einen Mauerdrachen in seiner Burg, war dies ein deutliches Anzeichen dafür, dass das Gemäuer bereits baufällig war. Dementsprechend unbeliebt waren die Mauerdrachen bei den Burgbesitzern, wurden gnadenlos verfolgt und schlussendlich auch ausgerottet, weil es einfacher und vor allem billiger war, den Mauerdrachen zu töten, als die Burg zu renovieren. Nichts war peinlicher für einen Ritter, der sich Gäste eingeladen hatte, wenn sich plötzlich die Schwanzspitze eines Mauerdrachen im Kamin oder einer Nische zeigte. Diese Blamage musste in der Regel der Mauerdrache büßen …

MOLOCH ☞ *Dornteufel*

Nahrung Was die Nahrung von Drachen betrifft, gehen die Meinungen führender Drachologen weit auseinander. Wissen wir von Ottotkar von ☞ *Zipp,* dass er im Frühjahr die aus dem Winterschlaf erwachten Drachen mit Kastanien, Kartoffeln und Heu fütterte, so wird in alten Berichten und Sagen ein anderes Bild von den Drachen gezeichnet: Da ist die Rede von ganzen Ochsen, Rindern, Schafen, Schweinen, die von den Drachen verzehrt werden. Überhaupt fällt auf, dass die Drachen in Kinderbüchern vorwiegend Vegetarier sind.
Und so, wie es bei den Dinosauriern Fleisch- und Pflanzenfresser gab, so halten es wohl auch die Drachen.

Nasenlöcher Wahrscheinlich sind Drachen die einzigen Tiere, von denen man sogar die Nüstern (Nasenlöcher) verwendete – natürlich erst, nachdem der Drache erlegt war –, und zwar dienten sie als Kerzenständer oder Halterung für Stifte.

NESSIE heißt ein Seeungeheuer, das angeblich im schottischen Loch Ness, einem fast 270 m tiefen See, haust und dem man eine gewisse Ähnlichkeit mit einem Drachen nicht absprechen kann, auch wenn Nessie manchmal als Seeschlange, dann wieder als Monster bezeichnet wird. Gesehen haben wollen diesen Seedrachen schon viele. Nessie hat einen langen Hals, einen gekrümmten Rücken und könnte glatt als Plesiosaurier durchgehen, sieht also ein bisschen aus wie der Jungdrache im Buch des Athanasius ☞ *Kircher* (S. 76, 86) – bloß viel, viel größer. Nessie hat es seit seinem ersten Auftauchen im Jahr 1933 zu einer erstaunlichen Berühmtheit gebracht.

Man kann T-Shirts und Ansichtskarten mit seinem Bild kaufen, und jedes Jahr kommen Hunderte von Touristen nach Schottland in der Hoffnung, einen Blick auf diesen gewaltigen Seedrachen werfen zu können. Es gibt sogar Fotos von der Loch-Ness-Seeschlange, allerdings sind sie ziemlich unscharf und verschwommen, was wohl daran liegt, dass Nessie sehr scheu ist und nicht daran denkt, sich fangen zu lassen oder längere Zeit für Fotos zu posieren. Ein naher Verwandter von Nessie, allerdings wesentlich kleiner, nämlich nur 8 m, könnte der Seedrache „Champ" sein, der zuletzt 1819 im Lake Champlain in den USA gesichtet wurde und vom Körperbau dem schottischen Seeungeheuer sehr ähnlich ist.

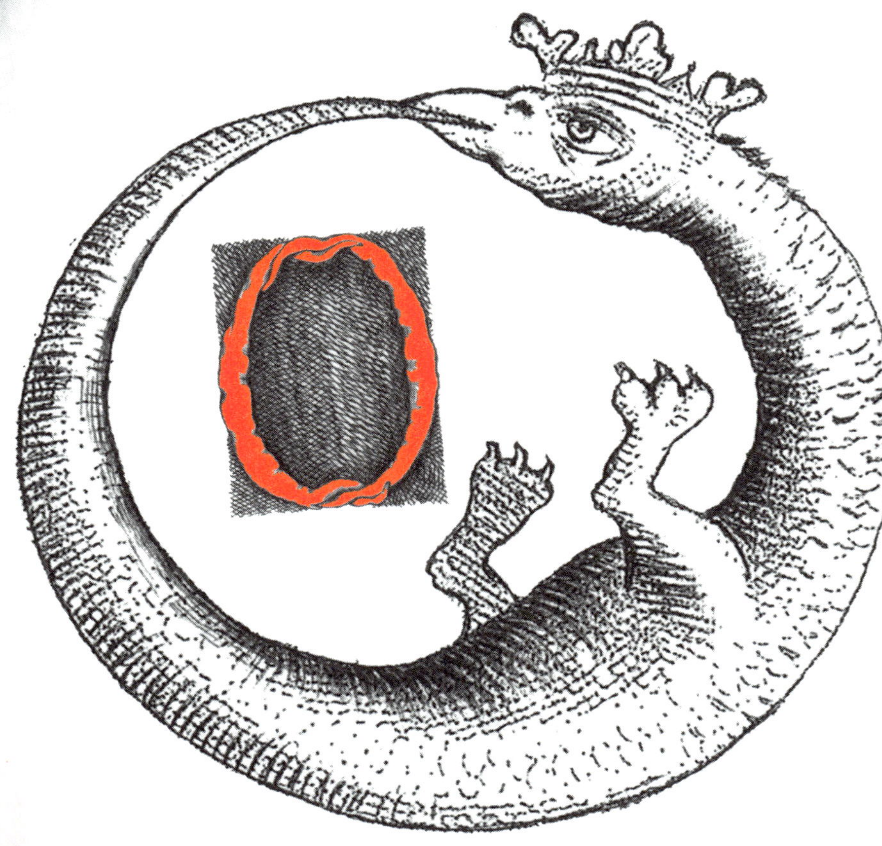

Ouroboro

OGOPOGO ist der Name eines schlangenähnlichen Seedrachen von dunkelgrüner Farbe und drei bis vierzehn Metern Länge, der erstmals 1872 im Lake Okanagan in der kanadischen Provinz British Columbia gesichtet wurde. In den 1920er Jahren wurde der Wasserdrache so häufig gesehen, dass man das Personal der Fähren über den See zur Sicherheit mit Waffen ausrüstete. Das Seeungeheuer ist fast so berühmt wie ☞ *Nessie* und schaffte es sogar, zum Maskottchen des Eishockeyteams Kelowna Rockets zu werden. Verwandte Seedrachen sind der Igopogo im Simcoe-See und der schwarze Manipogo im Manitobasee, der angeblich pfeifen kann wie eine Lokomotive.

Ohren Nur manche Drachen besitzen sichtbare Ohren oder Ohrmuscheln. Es gibt Hinweise, dass die Ohren von Drachen im Mittelalter als Einkaufstüten verwendet wurden, was durchaus vorstellbar ist, waren sie doch weitgehend reißfest und wasserdicht.

Ouroboro(s) ist ein Drache, der sich selbst in den Schwanz beißt. Bei dieser schwierigen Turnübung bildet sein Körper einen fast perfekten Kreis. Manche Drachenforscher behaupten, dass sich diese seltsamen Geschöpfe sogar selber auffressen und, sozusagen als Vorspeise, mit der Schwanzspitze beginnen. Das könnte der Grund dafür sein, dass schon ewig lang keine Ouroboros mehr gesehen wurden: Weil sie sich alle selbst verspeist haben. Ursache dafür kann Futtermangel sein oder ein genetischer Defekt. Der Ouroboro gilt als magisches Symbol der Alchimisten, als Zeichen für den immerwährenden Kreislauf.

Ouroboro

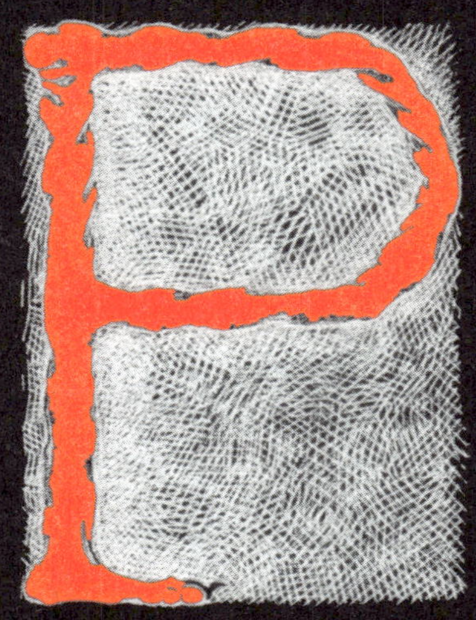

Paff ☞ *Zauberdrache*

Pfeifdrachen ☞ *Gesner*

PRANKE*

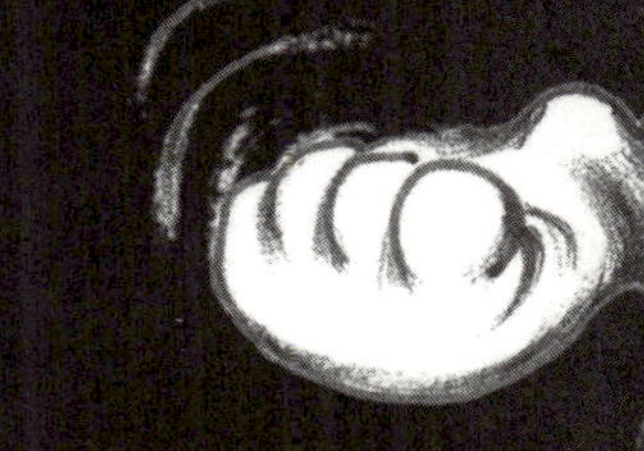

*Tatze großer Raubtiere.

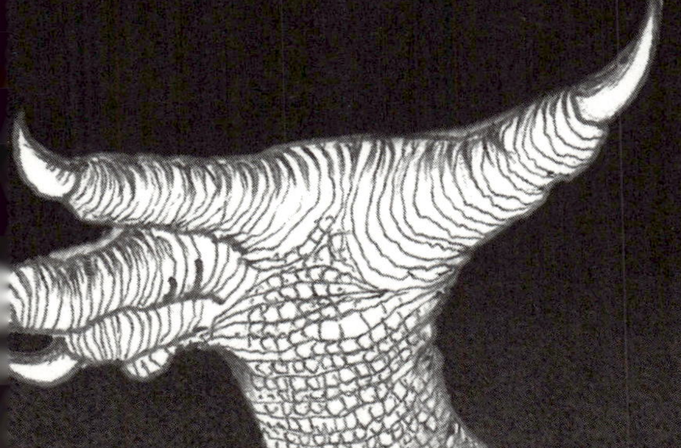

Pranke Tatze großer Raubtiere. Drachentatzen werden mitunter auch als Pranken oder Pratzen bezeichnet, und da der Drache auch seit alten Zeiten als Wappentier, auf Bannern und Standarten, in Erscheinung tritt, zeigt er in dieser Funktion gern zwei mächtige Pranken. Ein goldener Drache war etwa das Feldzeichen von Uther Pendragon, des Vaters von König Artus. Feldzeichen (Standarten), die früher in Schlachten dem Heer vorangetragen wurden, sollten dem Gegner Angst einjagen und den eigenen Kämpfern Mut machen. Wenn sich nun Könige und (chinesische) Kaiser unter den Schutz des Drachen stellten, mussten sie ihn als das mächtigste aller Lebewesen angesehen haben, stärker als Bär, Adler, Greif oder Löwe. In Rheinland-Pfalz hat man den Kopfteil einer römischen Drachenstandarte gefunden. Sie besteht aus feuervergoldetem und versilbertem Kupfer. Deutlich sind die vielen scharfen Zähne und der Kamm auf dem Kopf zu erkennen, einem richtigen Drachenkopf. Der daran ursprünglich angenähte Stoffteil ist natürlich nicht mehr erhalten. Er bestand aus einem einfachen Stoffschlauch mit schlapp herabhängenden Beinen, die sich aber im Wind zu eindrucksvollen Pranken blähten. Vom Wort „Pratze“ kommt auch der Ausdruck „Pratzelwurm“ ☞ *Tatzelwurm.*

Ein PROTESTSONG und keineswegs ein Minnegesang war das Lied „Drachen haben nichts zu lachen", mit dem der Barde Archibald ☞ *Exeter* im 13. Jahrhundert seinen größten Erfolg feierte. Das Lied war ein flammender Aufruf gegen die schonungslose Drachenjagd und richtete sich gegen die jagenden Ritter. Hier ist, mit Erlaubnis des Urhebers, erstmals der eingängige Text der ersten Strophe in ungekürzter Vollversion abgedruckt; die Partitur (Notenschrift) ging leider verloren:

Drachen haben nichts zu lachen,
hierzulande,
welche Schande,
jeder jagt sie
ohn' Erbarmen,
diese Armen!
Hört auf mit dieser Schlachterei!
Gebt endlich alle Drachen frei!
Drachen frei! Drachen frei!

Quaddeln sind juckende Hautanschwellungen. Du kannst sie bekommen, wenn du einen Feuersalamander (Seite 124 f.) angreifst. Daher: Hände weg von diesen hübschen kleinen Drachen!

Quellen sind beliebte Aufenthaltsorte nicht nur von fernöstlichen Drachen, sondern zum Beispiel auch von ☞ *Salamandern* (das sind ja genau genommen auch kleine Drachen). Die Vermutung, dass Drachen am liebsten Quellwasser trinken, liegt also auf der Hand.

Quendolyn (alte Schreibweise für Gwendolyn) war der Name eines Edelfräuleins, das sich vehement für einen riesigen, uralten Flugdrachen einsetzte und damit dem Drachenjäger und Kreuzritter a. D. Oregano-Eisenkies die Drachenschwanzsuppe gehörig versalzte ☞ *Drachenjagd.* Der wollte anno 1280 diesem vorsintflutlichen, geflügelten Tier namens Gigax, das friedlich in einer Höhle hauste, den Garaus machen, um ins Buch der Rekorde zu kommen – was gründlich misslang (nachzulesen in „Drachen lassen's richtig krachen").

Reptilien

(Reptilia) ist ein Sammelbegriff für alle Kriechtiere.

Reptilien *(Reptilia)* ist ein Sammelbegriff für alle Kriechtiere. Zu den Kriechtieren gehören die Schildkröten, die Krokodile, die Brückenechsen und Schuppen-Kriechtiere (Echsen, Schlangen und natürlich Drachen).

Die Rote Liste ist ein Verzeichnis von Tier- und Pflanzenarten, die bereits ausgestorben, verschollen oder gefährdet sind. Viele Drachenarten, aber auch Echsen finden sich auf der Roten Liste.

Ein Roter Drache war der Sage nach Vater des chinesischen Kaisers ☞ *Yao* (2353–2234 v. Chr.)

Ruinendrache ☞ *Mauerdrache*

Sackdrache

Gemeiner Sackdrache *(Draco saccus vulgaris)*
Möchtest du dich für ein Kostümfest oder eine Theateraufführung als Drache verkleiden, verwendest du am besten einen Kartoffelsack und gehst als Sackdrache.
Der Sackdrache kann nur von Laien leicht mit dem Kammdrachen verwechselt werden, ist aber kleiner und im Körperbau plump und gedrungen. Gilt als gefräßig – einen Großteil des Tages verbringt er mit der Suche nach Nahrung. Interessant, dass „LAMJA", das bulgarische Wort für Drache, auch „Fresssack" bedeutet. Der Sackdrache war bei den Rittern eine besonders beliebte, leicht zu stellende Jagdbeute. Gilt seit Langem als ausgerottet.

Salamander Gelbe Flecken, Punkte oder Linien – manchmal orangefarben oder rötlich – auf glatter schwarzer Haut sind die Kennzeichen des Feuersalamanders *(Salamandra salamandra).* Manchmal kommt der Feuersalamander auch ohne gelbes Muster vor, also gänzlich schwarz. Mit einer Körperlänge von höchstens 23 cm und einem Gewicht von etwa 40 Gramm zählt er in Mitteleuropa zu den Minidrachen, kann aber ein Alter von mehr als zwanzig Jahren erreichen. Wenn du in einem Wald einen Feuersalamander entdeckst, fass ihn nicht an! Zur Abwehr von Feinden sondert er nämlich ein giftiges Sekret ab, ja, er kann unter Stress das Gift in dünnen Strahlen sogar über einen Meter weit spritzen! Diese Fähigkeit hat in vergangenen Zeiten die menschliche Fantasie sehr beschäftigt. Man hielt den Salamander wie viele andere „Drachen" für ein dämonisches Wesen mit übernatürlichen Fähigkeiten. So glaubten die Menschen, die giftigen Hautsekrete des Salamanders seien imstande, jeden Brand zu löschen, was zur Folge hatte, dass man die Tiere ins Feuer warf, weil man dachte, sie könnten im Feuer leben. Im abergläubischen Mittelalter hielt man die Salamander sogar für menschenähnlich und der Gelehrte Paracelsus zählte sie zu den Elementargeistern.

Normalerweise verursacht das giftige Sekret des Salamanders beim Menschen nur ein leichtes Brennen auf der Haut. Bei empfindlichen Personen kann es aber auch zu Atembeschwerden kommen, zu Übelkeit und Erbrechen. Junge, unerfahrene Katzen oder Hunde, die einen Feuersalamander erbeuten, können vom Gift des Feuersalamanders Maulsperre, Genickstarre und erhöhten Speichelfluss bekommen.
Manche „Aufenthaltsorte" des Feuersalamanders sind – und das ist die gute Nachricht – noch immer unbekannt. Durch ihre heimliche Lebensweise im Verborgenen, ihre Aktivität bei Nacht, vor allem bei Regen oder feucht-trübem Wetter, können diese kleinen Drachen über viele Jahre Lebensräume besiedeln, ohne dass der Mensch sie jemals bemerkt.

Saurier lebten zu einer Zeit, als es auf unserem Planeten weder Menschen gab noch richtige Vögel, weder Katzen noch Hunde: vor ungefähr 150 Millionen Jahren. Mensch und Saurier haben sich also nie getroffen. Nur einige Säugetiere mit Fell – nicht größer als Ratten – lebten damals neben den Dinos, Krokodilen, Fröschen und Echsen – oder sollen wir sagen Drachen? Waren die Saurier die Vorfahren der Drachen, die Urdrachen sozusagen? Waren sie selber Drachen?

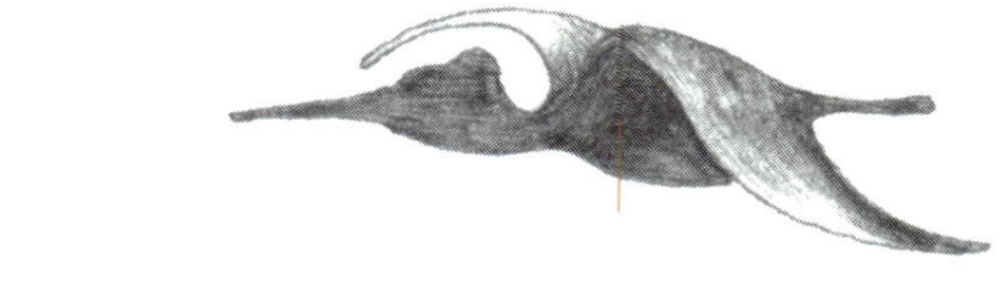

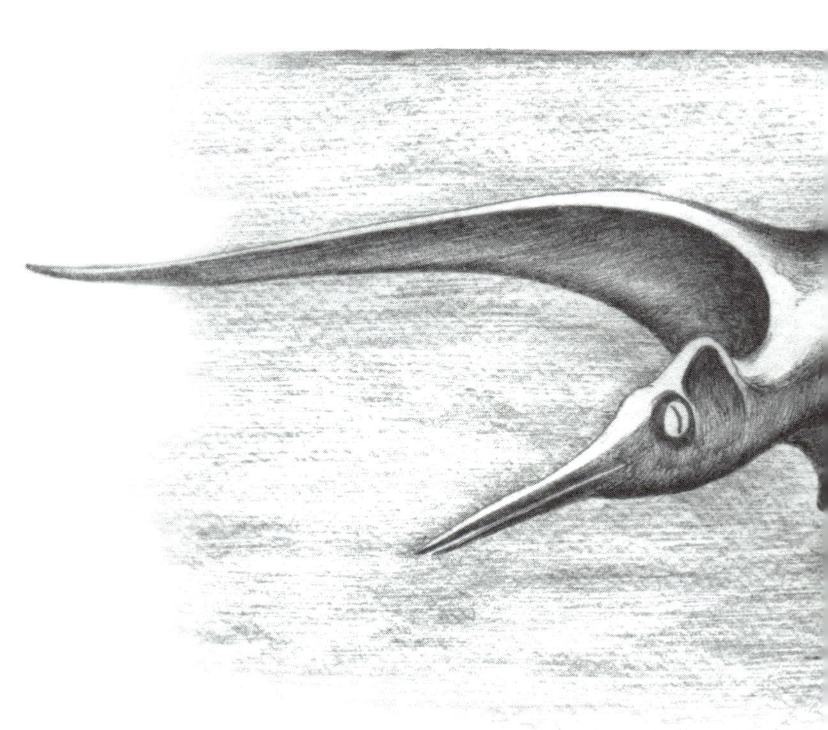

Saurier besaßen ganz unterschiedliche Gestalt und Größe. Es gab Dinosaurier, die wogen über 100 Tonnen, das ist so viel wie ein großer Wal, und hatten Beine dick wie Baumstämme, und es gab andere, die wurden nicht größer als ein Huhn. Riesige Urechsen schleppten ihre massigen Körper gemächlich vorwärts, andere liefen flink und wendig fast aufrecht auf ihren Hinterbeinen. Manche hatten Knochenplatten auf dem Rücken oder Kämme auf dem Kopf – wieder vergleichbar den Drachen. Manche Saurier grasten in Herden, andere gingen einzeln oder in Rudeln auf die Jagd. Die meisten Saurier waren friedliche Pflanzenfresser, aber

Während die Dinosaurier das Land beherrschten, bevölkerten damals seltsame Geschöpfe die Lüfte und Meere.

es gab auch riesige, gefährliche Fleischfresser wie den Tyrannosaurus rex („Tyrannenechse"). Er war so schwer wie ein Elefant und so groß wie eine Giraffe. Manche Saurier besaßen Schnäbel statt der Vorderzähne, manche hatten Klauen an den Zehen, manche kleine Hufe.

Während die Dinosaurier das Land beherrschten, bevölkerten damals seltsame Geschöpfe auch die Lüfte und die Meere. Pterosaurier zogen über den Himmel, Ichthyosaurier und Plesiosaurier schwammen in den Ozeanen.

Vor 65 Millionen Jahren starben die Dinosaurier auf rätselhafte Weise aus – zum Leidwesen vieler Drachologen und Kryptozoologen. Niemand kann genau sagen, woran sie starben. Vielleicht kühlte sich das Klima ab, vielleicht gingen die Riesenechsen an Krankheiten zugrunde. Eine andere Theorie besagt, dass riesige Steine aus dem Weltall, so genannte Asteroiden, auf der Erde einschlugen und gewaltige Staubwolken aufwirbelten, welche die Sonne verdunkelten und die Oberfläche der Erde bedeckten, so dass die Saurier kein Futter mehr fanden.

Stegosaurus

Der SCHLEUDERSCHWANZ *(Laudakia stellio),* Hardun oder Schnabelkopf ist eine stachelschwänzige Echse aus der Familie der Agamen; die einzige Agamenart, die in Europa, nämlich in Südosteuropa, vorkommt. Aber auch im westlichen Asien und in Nordostafrika ist der Hardun anzutreffen. Er ist ein scheuer kleiner Drache, dessen dunkle Oberseite mit dornigen Schuppen besetzt ist. Die Bauchseite und die Unterseite der Gliedmaßen sind gelblich. Der Hardun ernährt sich hauptsächlich von Grillen, Käfern und Heuschrecken, verschmäht aber auch Jungmäuse und kleinere Eidechsen nicht. Versucht man den Schleuderschwanz einzufangen, was gar nicht einfach ist – diese Agamen sind sehr flink und können erstaunlich gut klettern –, leistet er erbitterten Widerstand und wehrt sich mit Zähnen und Klauen; er kratzt und beißt auch kräftig zu.

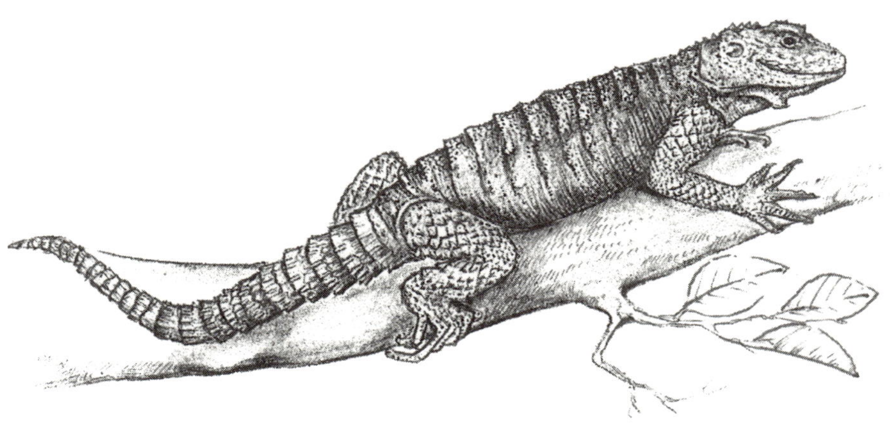

Schleuderschwanz oder Hardun

Schuppen Drachenhaut besteht aus Schuppen. Der fortgeschrittene Drachologe unterscheidet verschiedene Arten von Schuppen: Körner- und Tafelschuppen auf der „normalen" Haut, Kegelschuppen (an den Kämmen), Plattenschuppen (am Kopf), Dornen und Stacheln aus Horn (am Rückenkamm oder als Horn am Kopf).

Silberzahn-Floretto, Sigmund Berüchtigter Drachenjäger des 13. Jahrhunderts. *Seine Burg war voll gestopft mit Jagdtrophäen,* heißt es im Buch „Drachen haben nichts zu lachen", *mit Hunderten von Hirschgeweihen, Eberköpfen, Bärenfellen, Drachenschwänzen ...* Und an einer anderen Stelle: *„Illona!", brüllte er (Silberzahn-Floretto). „Heute gibt es ein leckeres Gabelfrühstück! Drachenschwanzsuppe, panierte Drachentatzen mit Senf und Heidelbeeren, geröstete Drachenleber, Drachenlungenbraten am Spieß, Drachenfleischlaibchen und Drachenpastete mit Birnenkompott!" ...*
Doch spätestens im Jahr 1280 musste Silberzahn-Floretto seinen Speiseplan umstellen; monatelang fand er kein Drachenfleisch mehr auf seiner Tafel vor: Es gab ja Ende des 13. Jahrhunderts kaum mehr Drachen in unseren Breiten. Umso begieriger vernahm der Drachenschlächter die Kunde von der Geburt vier kleiner Kammdrachen am Hof des Herzogs Alfons und schmiedete sofort einen Plan zur Entführung der Drachenbabys.

Tatsächlich gelang es ihm, drei der vier Jungdrachen zu kidnappen. Nur unter Einsatz seines Lebens gelang es dem Drachenfreund Ottokar von ☞ *Zipp,* die kleinen Drachen den besorgten Dracheneltern zurückzubringen (nachzulesen im Buch „Drachen machen starke Sachen“).

Sigmund Silberzahn-Floretto

SMARAGDDRACHE *(Draco viridis)* Wie der Karfunkeldrache eine äußerst seltene Spezies der Drachenfamilie. Von einem mittelalterlichen Herrscher wird berichtet, dass er seinen Thron mit dem kostbaren Smaragddrachenleder beziehen wollte. Dieses Vorhaben musste er aber bald wieder aufgeben. Es gelang einfach nicht, genügend Häute von Smaragddrachen zu besorgen. Das vorhandene Leder reichte nur zum Überziehen eines Fußschemels. Der Thron wurde daher mit Plüsch gepolstert.

Smaragddrache

Stollenwurm Verwandter des ☞ *Lindwurms,* des ☞ *Haselwurms* und des ☞ *Tatzelwurms.* Der vierbeinige, geflügelte Stollenwurm ist ein sagenhafter Bewohner der Alpenhöhlen, vor allem in der Schweiz, und hat einen ziemlich schlechten Ruf. Angeblich verspeiste er Kinder, die vom Weg abgekommen waren, und verirrtes Weidevieh. Stollenwürmer haben das Gesicht einer Katze, einen eidechsenförmigen Kopf, einen Kamm auf dem Rücken, einen langen Schwanz, Warzen und rot geäderte, borstige Schuppen. Um Menschen zu erschrecken, stellt sich der Stollenwurm gern auf die Hinterbeine. Möglicherweise hat er auch Verwandte in Süditalien: 1954 wurde in Palermo über eine katzenköpfige Schlange berichtet.

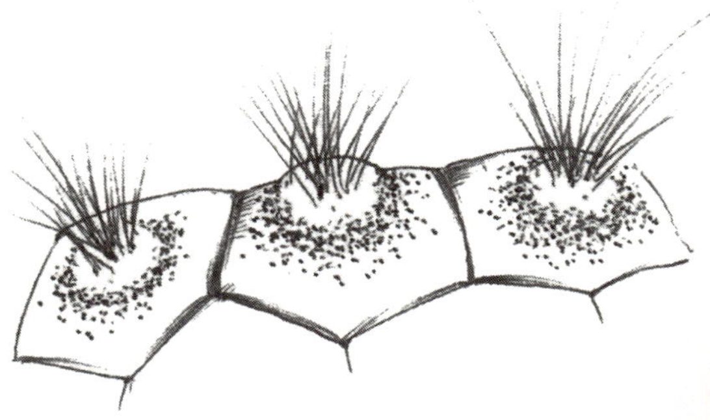

Borstige Stollenwurmschuppen

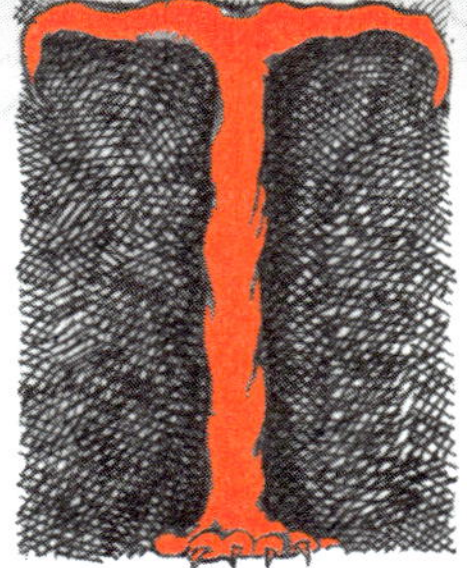

Tatzelwurm

134 **Tatzelwurm** *(Tatzel, mundartlich für Tatze),* auch „Pratzelwurm“, nennt man in den Alpen einen zweibeinigen Drachen oder einen Drachen ohne Füße.

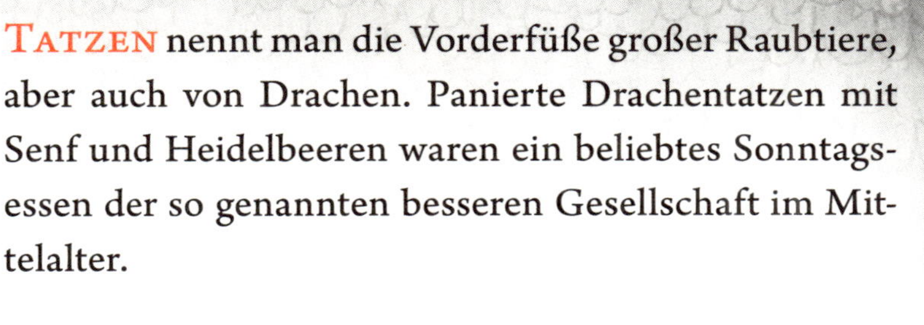

Tatzen nennt man die Vorderfüße großer Raubtiere, aber auch von Drachen. Panierte Drachentatzen mit Senf und Heidelbeeren waren ein beliebtes Sonntagsessen der so genannten besseren Gesellschaft im Mittelalter.

Tierhaltungsgesetz Laut Gesetz dürfen Drachen über drei Meter Körperlänge in Österreich nicht zu Hause gehalten werden. Ausnahmen gibt es leider nur für Zoos, Dompteure und befugte Drachenhändler.

Herzog Alfons anno 1280 beim Verfassen eines Drachenschutzabkommens, das aber leider kaum eingehalten wurde.

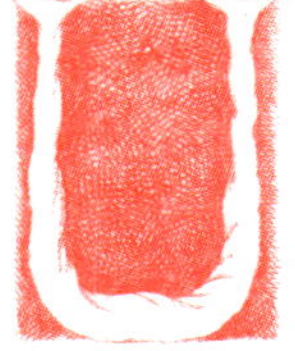

URDRACHEN ☞ *Saurier*

ÜBERSEEDRACHEN sind keine Drachen, die leicht übersehen werden. Es sind auch keine Drachen, die über einem See schweben. Überseedrachen sind Drachen aus Übersee, also Seedrachen aus Ländern jenseits des Ozeans, wie Igopogo, Manipogo und ☞ *Ogopogo.*

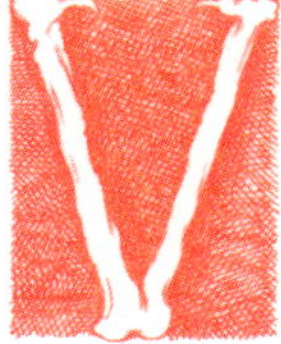

VIER TATZEN Die Tierschutzorganisation „Vier Tatzen“ rät allen Drachenfreunden, vor der Anschaffung eines Drachen Wissen über Pflege dieser Tierart zu sammeln (Drachen wachsen bei guter Pflege sehr rasch!), Lebenserwartung und Kosten zu kalkulieren (Kann ich mir das Futter für einen erwachsenen Karfunkeldrachen leisten?), auf Verkäuferdaten und lateinische Artbezeichnung zu bestehen und jedes Tier anzumelden. Bekannt wurde der Fall des Tierfreundes Helmut K. aus Wuppertal, der in einer Tierhandlung einen seltenen Babydrachen kaufte und ihn zunächst in der Badewanne unterbrachte. Dieser Drache wuchs allerdings so rasch, dass er heute das gesamte einstöckige Haus von K. in Beschlag nimmt, während der Drachenhalter selbst in ein Zelt im Garten übersiedelt ist.

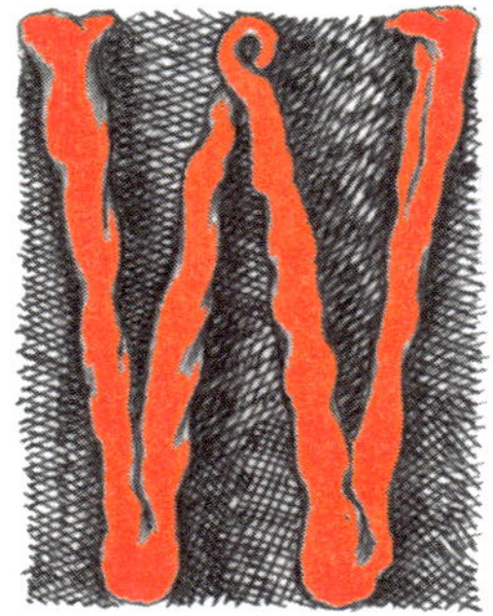

WAPPENDRACHEN Tatzen mit Krallen, ein Kamm, fledermausartige Flügel, gefaltet oder ausgebreitet, und eine lange Zunge, deren Ende einer Pfeilspitze gleicht, auch der Schwanz von Schild- oder Wappendrachen ähnelt – gegen alle Naturgesetze – oft der Spitze eines Pfeils oder einer Lanze, manchmal Pferdeohren oder sogar ein kleines Horn auf der Nase – so sehen sie aus, die meisten Drachen, die als grüne, rote, schwarze, goldene oder silberne Wappentiere oder als Helmzier Verwendung fanden.

Wappen Wien, Margareten (A)

Wappen Kahlenbergdorf (A)

Wappen Landkreis Alzey-Worms (D)

Wappen Wildschönau (A)

Wappen Wachtberg bei Bonn (D)

Wappen London (UK)

Wappen Trutnov (CZ)

Wappen Blason de la Ville de Tarascon (F)

Fahne von Bhutan

Einen WARAN *(Varanus)* solltest du dir nicht unbedingt als Haustier anschaffen (häufig übler Mundgeruch!) – außer du bringst ihn dazu, deine Munddusche zu benützen. Warane gehören zu den größten Echsen. Der Komodowaran kann bis zu drei Meter lang und 135 kg schwer werden. Doch gibt es auch Warane von nur 20 cm Länge. Sind Warane die Ahnen der Drachen, die Vorfahren? Oder ihre Ururenkel? Warane fühlen sich offenbar als Drachen und benehmen sich daher recht dreist. Ja, sie können ausgesprochen ungemütlich werden. Sie verschlucken etwa Kaninchen mit einem Haps und sollen auch schon Menschen, Pferde und Kamele angefallen haben. Warane gehören jedenfalls zu den intelligentesten Echsen. Untersuchungen am Weißkehlwaran in einem Zoo in San Diego haben ergeben, dass Warane sogar zählen können.

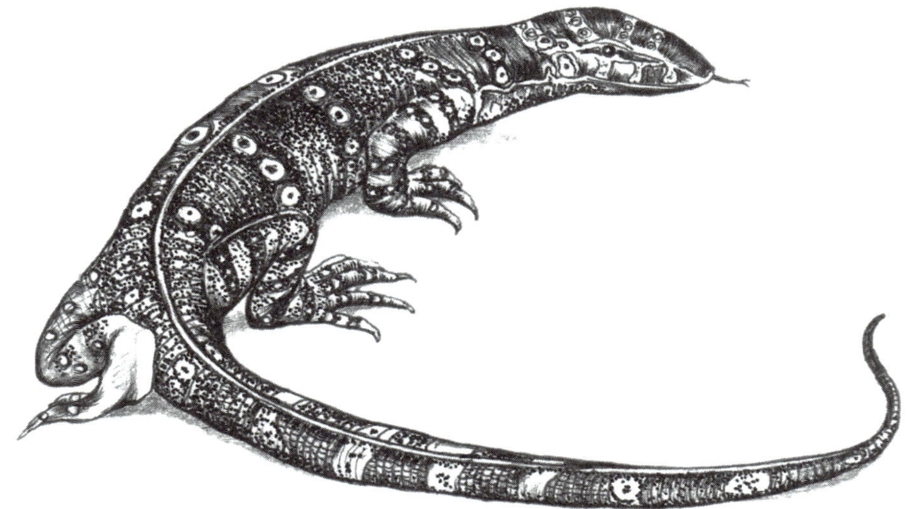

Nilwaran

Warane kommen in Afrika, Australien und Asien vor, nicht aber auf dem amerikanischen Kontinent. Zur Zeit der Saurier lebten Warane auch im heutigen Südeuropa. Die meisten Arten sind tagaktive Fleischfresser und jagen nur selten nachts. Sie können gut schwimmen, und viele Arten – wie der Bindenwaran – können auch klettern. Der geschickteste Kletterer ist der Smaragdwaran, der in den feuchten Regenwäldern Nordaustraliens und Neuguineas zu Hause ist und gern Vogelnester plündert, da er – wie viele andere Waranarten – mit Vorliebe Eier frisst. Der Komodowaran ist alles andere als harmlos. Er besitzt Giftdrüsen zwischen den Zähnen. Damit kann er beim Zubeißen Gift in die Wunden seiner Beutetiere injizieren. Auch in seinem Speichel ist eine giftige Substanz enthalten.

Der Bindenwaran teilt das Schicksal vieler Drachenarten: Er wird heute noch von den Menschen gejagt, weil seine Haut zur Herstellung von Leder verwendet wird. In manchen Gegenden werden sowohl die Eier als auch das Fleisch von Waranen gegessen. Außerdem enden viele Warane als „Heilmittel" und Amulette. Umgekehrt, und das soll nicht unterschlagen werden (auch wenn dieses Buch von einem Drachenfan geschrieben wurde), verzehren Warane als Aasfresser hin und wieder auch menschliche Leichen. Auf Komodo wurden frisch bestattete Tote von den dort heimischen Waranen ausgegraben und gefressen, was sie bei den Einheimischen nicht gerade beliebt macht.

Wasserdrachen Keineswegs alle Drachen leben auf dem Land (oder unter der Erde) oder schweben in den Lüften. Viele Sagen berichten uns von Drachen, die in tiefen Seen, Flüssen oder im Meer zuhause sein sollen. Der berühmteste Wasserdrache Europas ist wohl ein schottisches Ungeheuer mit dem niedlichen Namen ☞ *Nessie.* Kaum weniger bekannt ist der kanadische ☞ *Ogopogo.* Viele Drachen der Chinesen und Japaner wohnen vornehm in Palästen auf dem Meeresgrund oder einem See. Und die Beherrscher der Meere in der Kreidezeit, also vor rund hundert Millionen Jahren, waren Saurier, die wir mit Fug und Recht als Wasserdrachen bezeichnen können: die Plesiosaurier, die Ichthyosaurier und die Mosasaurier.

Wie man Drachen zeichnet Gleich eins vorweg: Drachen zeichnen macht Spaß. Ein Drache kann beinahe aussehen wie du willst. Er kann einen Schafskopf haben oder ein Katzengesicht, eine Wallemähne oder einen Hahnenschwanz. Wichtig sind ein spitz auslaufender Schwanz, eine Schuppenhaut und der Kamm auf dem Rücken. Wenn du den Kamm nicht vergisst, dann weiß jeder, dass es sich bei deiner Zeichnung nur um einen Drachen (oder eine Drachin) handeln kann. Wer dieses Buch aufmerksam durchblättert, wird wissen, was gemeint ist. Schließlich mussten auch die Illustratoren früher Jahrhunderte ihre Drachendarstellungen mit (viel) eigener Fantasie anreichern, mussten sich auf die Berichte echter oder vermeintlicher Drachenforscher verlassen, wenn sie selber keinen Drachen mit eigenen Augen gesehen hatten. Also, lass deiner Fantasie freien Lauf! Warum sollte eine Seedrache nicht zufällig genauso aussehen, wie du ihn zeichnest oder malst?

Drache von Lukas Hofer (11)

WINTERSCHLAF Viele Drachenarten halten einen Winterschlaf, bei dem sie in eine Art Starre verfallen. Man kann davon ausgehen, dass die Drachenjäger dies wussten und zu ihrem Vorteil nutzten. So mancher Recke der Vorzeit und des Mittelalters, der sich damit brüstete, gewaltige Drachen erschlagen zu haben, tötete die Tiere nicht im heldenhaften Kampf, sondern überfiel sie hinterrücks während des Winterschlafs.

Erwachen die Drachen im Frühjahr durch die höheren Außentemperaturen, sind sie ausgehungert und machen sich sofort auf Futtersuche, um ihre Fettspeicher wieder aufzufüllen. Ottokar IV. von ☞ *Zipp* war der erste Ritter, der diesem Umstand Rechnung trug und in seinem Wald Futterkrippen für die erwachten Drachen aufstellte. Drachen, die normalerweise um uns einen großen Bogen machen, scheuen in hungrigem Zustand auch nicht die Begegnung mit Menschen. Man sollte ihnen in den Monaten März und April besser aus dem Weg gehen, so lang man nicht weiß, ob es sich um fleisch- oder pflanzenfressende Exemplare handelt. An einem 1. April Ende der Fünfzigerjahre des vorigen Jahrhunderts soll in Wales ein ausgewachsener Drache einen vollbesetzten Schulbus angehalten und sämtliche Schüler als auch den Fahrer um ihre Jausenpakete gebracht haben.

WYVERN ist der Name für einen zweibeinigen geflügelten Drachen, der sowohl in der ostafrikanischen Märchen- und Sagenwelt auftaucht als auch in Europa. Vor allem in Griechenland und Skandinavien soll er sich bemerkbar gemacht haben. Der römische Feldherr und Schriftsteller Plinius der Ältere berichtet in seiner „Naturgeschichte" (Naturalis historia), dass die Wyvern in Indien und Äthiopien lebten.
Der Wyvern besitzt einen ähnlichen Körperbau wie der ☞ *Lindwurm,* verfügt aber nur über zwei mit Adlerkrallen bewährte Beine. Dafür kann er angeblich fliegen, was dem Lindwurm versagt bleibt, auch wenn er Flügel haben sollte. Der muskulöse Körper geht in einen langen, ringelfähigen Schwanz über. In manchen Beschreibungen läuft das spitze Schwanzende in einen Giftstachel aus. Der Wyvern ist ein Fleischfresser, der sich am liebsten in den Bergen aufhält, wo er von abgelegenen Felshöhlen aus seine Beute mit scharfen Augen beobachtet, hat also gewisse Wesenszüge des Adlers. Beim Volk war die Figur des Wyvern noch weniger beliebt als der gemeine Drache; man sagte ihm allerhand Böses nach und verdächtigte ihn, die Pest und andere Krankheiten zu verbreiten.

In Mitteleuropa lässt sich der Wyvern mehrfach als Wappentier nachweisen. Das Wappen des englischen Fußballklubs Leyton Orient zeigt zwei Wyvern, die – mit den Füßen auf einem Fußball abgestützt – einander gegenüberstehen. Daraus abzuleiten, dass der Wyvern auch Fußball spielen konnte, ist aber nicht zulässig. Dafür taucht er heute wieder in der modernen Fantasy-

Literatur auf und in Computerspielen, wo er im Allgemeinen die undankbare Rolle eines kleineren, nicht sehr mächtigen, etwas dümmlichen Drachen übernimmt.

Wyvern

XIANGLONG ist der chinesische Name für ☞ *Flugdrache.* In China wurde das Fossil eines kleinen Flugdrachen entdeckt, der vor gut 100 Millionen Jahren (Kreidezeit) lebte und große Ähnlichkeit mit den noch heute in Südostasien lebenden Flugdrachen aufweist.

So ähnlich könnte der kleine Flugdrache ausgesehen haben, der vor etwa 100 Millionen Jahren lebte und den man als Fossil in der Nähe von Yizhou in der chinisischen Provinz Liaoning entdeckte.

YAO war der vierte der legendären „Fünf Urkaiser" des alten China im dritten Jahrtausend vor Christus. Sein Vater soll ein ☞ *Roter Drache* gewesen sein. Der Überlieferung nach bestieg Yao bereits mit 20 den kaiserlichen Thron und starb im Alter von 119 Jahren. Als eine verheerende Flutkatastrophe das antike China bedrohte – der Gelbe Fluss trat damals häufig über die Ufer –, gelang es dem Kaiser angeblich, die Überschwemmung durch die Errichtung von Dämmen abzuwenden. Ob ihm sein Drachenvater dabei geholfen hat?

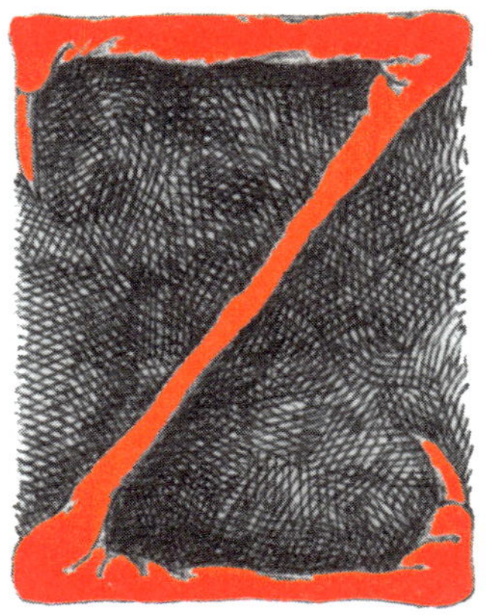

ZACKEN Manche Drachenarten (und auch Reptilien) tragen auf ihrem Rücken einen Kamm aus Zacken, wobei dieser bei den Männchen meist schöner und deutlicher ausgebildet ist als bei den Weibchen. Diese in der Jugend des Drachen biegsamen, elastischen Zacke verhärten und verknöchern mit zunehmendem Alter. Es scheint ziemlich sicher, dass die Saurier ihren Zackenkamm den Drachen vererbten.

ZACKENKAMM ☞ *Kamm*

Tipp: Du begegnest auf dem Sonntagsspaziergang, dem Schulausflug oder der Klassenfahrt einem Kammdrachen – und willst wissen, ob es sich um ein älteres oder jüngeres Tier handelt?
Mach den ***Zackentest!*** *Probiere, ob sich die Zacken auf seinem Rücken biegen lassen. Drachen mögen es im Allgemeinen, wenn man ihre Zacken anfasst (Ausnahmen bestätigen die Regel) und sie in den Zwischenräumen, wo es sie manchmal juckt, ein wenig krault. Lässt sich der Zacken biegen, handelt es sich eindeutig um ein Jungtier, ist der Zacken steif, hast du einen älteren Drachen*

vor dir. Um das genaue Alter festzustellen, müsstest du die Gebissprobe machen und die Zähne untersuchen, wovon wir aber abraten.

ZAUBERDRACHE Drachen werden oft mit Zauber und Zauberern in Verbindung gebracht. Mal bekämpfen sie einander, mal verbünden sie sich, mal verwandeln sich Zauberer in Drachen und ein anderes Mal sind Drachen verzauberte Wesen, die auf Erlösung warten. Von Zauberern weiß man auch, dass sie besonders gern einzelne Körperteile der Drachen verspeisten, weil sie um die Wirkung bestimmter Organe wussten. Ob hingegen Drachen gern Körperteile von Zauberern fraßen, ist nicht bekannt.

Ein Zauberdrache fand sogar Eingang in die Popmusik und wurde auf diese Weise beinahe weltberühmt: Paff *(Puff, the Magic Dragon),* dem die Folkband Peter, Paul & Mary in einem berührenden Song ein Denkmal setzte. 1962 erschien das Lied erstmals auf Schallplatte. Der Text stammt von Leonard Lipton, die Melodie von Peter Yarrow. Der Song erzählt die bittersüße Geschichte der Freundschaft zwischen dem majestätischen unsterblichen (See-)Drachen Paff und dem kleinen Jackie Paper, die gemeinsam eine fantastische Zeit erleben. Doch als Jackie älter wird, verliert er das Interesse an seinem Drachenfreund und den Abenteuern seiner Kindheit. Und eines Tages verlässt er Paff, der sich traurig in seine Höhle zurückzieht, ohne ein Wort des Abschieds.

Eine deutsche Version des Liedes sang erstmals Marlene Dietrich. Ab 1978 kam Paff auch ins Fernsehen. Zum Text des Songs wurde eine kurze Fernsehserie von drei je halbstündigen animierten Specials produziert.

ZAUNDRACHE *(Draco agilis),* auch Heckendrache, relativ kleiner, unscheinbarer Drache, der sich in Farbe und sogar Aussehen seiner Umgebung sehr gut anpassen kann. Lebensraum des Zaundrachen sind morsche Holzzäune, deren Farbe er annimmt, aber auch lebende Zäune wie Hecken. Bei Gefahr kann er sogar die Form von Zaunpfählen annehmen und bleibt somit weitgehend unbemerkt. Mit dem Aufkommen von Metallzäunen, Stachel- und Maschendrahtzäunen ging die Population der Zaundrachen leider schnell zurück.

ZIPP, OTTOKAR VON Schmächtig von Gestalt, kurzsichtig und Linkshänder, aber sehr belesen: So wird Ottokar IV. von Zipp beschrieben: *Sein blonder Schnurrbart war so dünn wie der eines Dorfschullehrers und seine Gesichtsfarbe so blass, wie sein Name kurz war. Zipp war nicht besonders groß und nicht besonders stark. Beim Gehen ließ er die Schultern nach vorne hängen wie einer, der viel sitzt.* Geboren um 1239 in dem kleinen Dörfchen Sal am Ander, kann Zipp zweifelsfrei mit Fug und Recht als erfahrenster und bekanntester Drachologe des Mittelalters bezeichnet werden. Ottokar von Zipp, obwohl Autodidakt, gilt als der erste Gelehrte, der sich auf wissenschaftliche Weise dem Leben und der Erforschung der Drachenspezies widmete. Sein Buch „Brutpflege bei den Kammdrachen“ zählt – obwohl verschollen – heute noch zu den Standardwerken der Kryptozoologie.

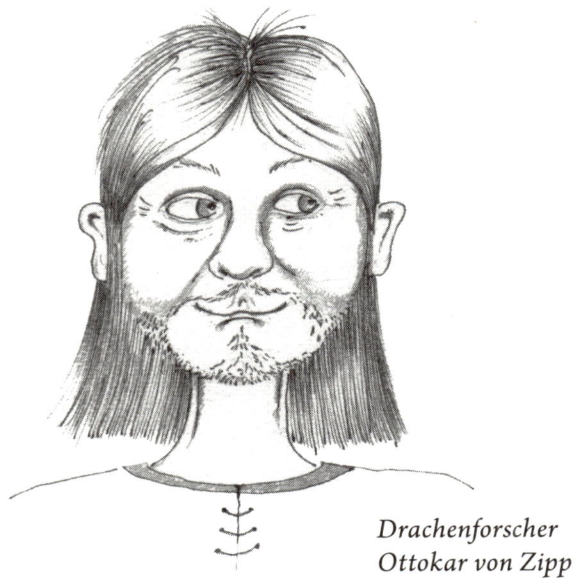

Drachenforscher Ottokar von Zipp

ZIRKUSDRACHEN sind keine eigene Drachenart. Es handelt sich um normale Drachen (meist Kammdrachen), die – etwa als Clowns kostümiert – in mittelalterlichen Wanderzirkussen auftraten und, ähnlich den Tanzbären, das Publikum mit drolligen Kunststücken zum Lachen brachten. Im „Drachenbuch“ von Walter Schmögner kannst du einen grünen Drachen mit roten Flecken sehen, der die erstaunlichsten Verrenkungen zustande bringt. Er kann zum Beispiel trotz seiner Größe und seines Gewichts auf der Schnauzenspitze stehen!

Doch mit dem Verschwinden der Drachen kamen findige Zirkusdirektoren auf die Idee, andere Tiere und sogar Menschen in Drachenkostüme zu stecken und sie als Drachen auszugeben.

Auch Kammdrache Klemens hätte das Zeug zum Zirkusdrachen gehabt.

ZWERGDRACHE *(Draco pumilus)* Zwergdrachen sind gar nicht so selten wie viele glauben, aber so klein, dass sie fast immer mit Eidechsen verwechselt werden. Und das ist ihr Glück …

„Den Drachen kennt die Menschheit aus Erfahrung."
Heimito von Doderer

Index

T

U

V

W

X

Y

Z

Bildnachweis

S. 8, 10, 11, 15, 16, 87 Ulisse Aldrovandi, Serpetum et Dracorum Historiae, Bologna 1640
S. 11 (Draco marinus ...), 12 Ulisse Aldrovandi, Monstrorum Historiae, 1642
S. 60 Arthur Rackham, Fafner – Sigurd pierced him with his sword, 1901
S. 62, 76 Athanasius Kircher, Mundus subterraneus, 1665
S. 19, 30 Brehms Thierleben, 1876
S. 24 Emil Schmidt, Die Gartenlaube, 1869
S. 27 Chinesische Briefmarke, 1897
S. 40 Otto Wilhelm Thomé, Flora von Deutschland, Österreich und der Schweiz, Gera 1885
S. 66, 134 Conrad Gesner, Historia animalium, 1602
S. 71 Augustin Hirschvogel, Aureoli Theophrasti ab Hohenhaim, 1538
S. 95 Conrad Gesner, Schlangenbuch aus: Wilhelm Bölsche, Drachen Sage und Naturwissenschaft, Stuttgart 1929
S. 111 Lucas Jennis (1590–1630)
S. 125 Salamander in fire, 15. Jhdt.
S. 147 Ma Lin, http://upload.wikimedia.org/wikipedia/commons/4/47/Ma_Lin_-_Emperor_Yao.jpg, National Palace Museum, Taipei

Drachen haben nichts zu lachen
Ab 9 Jahren, 120 Seiten
14,5 x 20,5 cm, zweifarbig illustriert
ISBN 978-3-7074-2288-7

Bei uns ein Drache? Dass ich nicht lache!
Ab 9 Jahren, 156 Seiten
14,5 x 20,5 cm, zweifarbig illustriert
ISBN 978-3-7074-2280-1

Die Drachenbücher-Klassiker-Ausgaben

Drachen haben nichts zu lachen
Ab 8 Jahren, 104 Seiten
15 x 21 cm, mattlam. Hardcover
ISBN 978-3-7074-0170-7

Drachen kann man nicht bewachen
Ab 8 Jahren, 136 Seiten,
15 x 21 cm, mattlam. Hardcover
ISBN 978-3-7074-0169-1

Drachen machen starke Sachen
Ab 8 Jahren, 124 Seiten
15 x 21 cm, mattlam. Hardcover
ISBN 978-3-7074-0180-6

Drachen lassen's richtig krachen
Ab 9 Jahren, 128 Seiten
14,5 x 20,5 cm, mattlam. Hardcover
ISBN 978-3-7074-0396-1